"十四五"职业教育国家规划教材

"十三五"职业教育国家规划教材

21世纪职业教育教材·财经商贸系列

企业经营管理沙盘模拟教程

主　编　孟凡超
副主编　易　新　张芳芳
　　　　王旭东　景　丽

内容简介

本书将企业运营的关键环节——战略规划、资金筹集、市场营销、产品研发、生产运作、物资采购、设备投资与改造、人力资源管理、会计核算与财务管理等设计为该课程的主体内容，按照构建仿真企业环境的要求，模拟真实企业的生产经营活动。本书前四部分内容以"经营之道"模拟系统为依托，旨在培养学生企业经营管理的基本知识、基本技能和系统思维；第五部分内容以"创业之星"模拟系统为依托，旨在进一步拓展学生企业经营管理的知识，提升其能力。本书突出了能力本位、项目化教学改革，层次清晰，内容简明，方便实用。

本书可作为初次接触该内容的职业院校管理类专业学生的教材，也可用于企业员工管理能力提升培训。

图书在版编目(CIP)数据

企业经营管理沙盘模拟教程/孟凡超主编.—北京：北京大学出版社，2017.8
（21世纪职业教育教材·财经商贸系列）
ISBN 978-7-301-28576-3

Ⅰ.①企… Ⅱ.①孟… Ⅲ.①企业管理—计算机管理系统—职业教育—教材 Ⅳ.①F270.7

中国版本图书馆CIP数据核字（2017）第176819号

书　　名	企业经营管理沙盘模拟教程 QIYE JINGYING GUANLI SHAPAN MONI JIAOCHENG
著作责任者	孟凡超　主编
策划编辑	李　玥
责任编辑	李　玥
标准书号	ISBN 978-7-301-28576-3
出版发行	北京大学出版社
地　　址	北京市海淀区成府路205号　100871
网　　址	http://www.pup.cn　　新浪微博：@北京大学出版社
电子邮箱	编辑室 zyjy@pup.cn　　总编室 zpup@pup.cn
电　　话	邮购部 010-62752015　发行部 010-62750672　编辑部 010-62704142
印　刷　者	北京虎彩文化传播有限公司
经　销　者	新华书店
	787毫米×1092毫米　16开本　11印张　213千字 2017年8月第1版　2024年2月第4次印刷
定　　价	29.00元

未经许可，不得以任何方式复制或抄袭本书之部分或全部内容。
版权所有，侵权必究
举报电话：010-62752024　电子邮箱：fd@pup.cn
图书如有印装质量问题，请与出版部联系，电话：010-62756370

前言

校企合作、工学结合是职业教育的内在要求,学习的内容是工作,需要通过工作实现学习。无论是企业管理人员培训,还是企业管理类专业教学,都迫切需要这样一种全新的教学手段与方法:既能让学员全面学习、掌握企业管理知识,又能充分调动学员学习的积极性;同时,让学员身临其境,接触到企业经营管理的全过程,融角色扮演、决策分析、竞争合作于一体,真正感受一个企业经营管理者面临市场竞争的精彩与残酷,体验承担责任和风险,在成功和失败中把握市场环境的变化,学习如何分析企业受益和可利用的各类资源,权衡利弊,统筹安排,在实践中学习知识、提高能力。

《企业经营管理沙盘模拟教程》在编写时融入党的"二十大"精神,把模拟企业作为课程主体,通过构建仿真企业环境,模拟真实企业的生产经营活动,把企业运营的关键环节——战略规划、资金筹集、市场营销、产品研发、生产组织、物资采购、设备投资与改造、会计核算与财务管理等设计为该课程的主体内容,把企业运营所处的内外部环境抽象为一系列规则,由学习者组成若干个相互竞争的管理团队,扮演不同的角色,共同面对变化的市场竞争环境,让学员参与到企业模拟运营的全过程之中。本书内容简明,层次清晰,方便、实用,可作为初次接触该内容的职业院校管理类专业学生的教材,也可用于企业员工管理能力提升培训。

本书由东营职业学院孟凡超担任主编,东营职业学院易新、张芳芳,山东科瑞控股集团有限公司王旭东,杭州贝腾科技有限公司景丽担任副主编。孟凡超负责全书体例的设计及统稿,负责第一部分的编写;易新负责第二、第三部分的编写;张芳芳负责第四、第五部分的编写;王旭东负责企业模拟岗位的设计;景丽负责模拟经营规则的设计。本书前四部分内容以"经营之道"模拟系统为依托，旨在培养学生企业经营管理的基本知识、基本技能和系统思维；第五部分内容以"创业之星"模拟系统为依托，旨在进一步拓展学生企业经营管理的知识，提升其能力。在编写过程中，我们借鉴和参阅了其他相关沙盘模拟课程的教材，参考了金蝶公司有关软件使用操作等资料，在此对相关文献的作者表示感谢。由于时间和作者水平所限，疏漏及错误之处在所难免，望读者批评指正。

编　者

2023 年 11 月

本教材配有教学课件或其他相关教学资源，如有老师需要，可扫描右边的二维码关注北京大学出版社微信公众号"未名创新大学堂"（zyjy-pku）索取。

- 课件申请
- 样书申请
- 教学服务
- 编读往来

目 录

第一部分 导入篇 — 1
- 1.1 企业经营沙盘管理沙盘是什么 — 3
- 1.2 通过企业经营管理沙盘模拟,我们将获得哪些进步 — 5
- 1.3 我们怎么去学习 — 8

第二部分 创建企业篇 — 11
- 2.1 组建团队 — 13
- 2.2 岗位认知 — 14

第三部分 掌握规则篇 — 17
- 3.1 了解商业背景 — 19
- 3.2 熟悉经营规则 — 25
- 3.3 模拟运营流程 — 34
- 3.4 分析企业经营 — 46

第四部分 实战操作篇 — 55
- 4.1 企业第一季度的运营管理 — 57
- 4.2 企业第二季度的运营管理 — 65
- 4.3 企业第三季度的运营管理 — 74
- 4.4 企业第四季度的运营管理 — 82
- 4.5 企业第五季度的运营管理 — 90

4.6	企业第六季度的运营管理	98
4.7	企业第七季度的运营管理	106
4.8	企业第八季度的运营管理	114

第五部分　创新创业提升篇　　　　　　　　　　　　　　123

5.1	基本操作与经营规则	126
5.2	实战操作	149
5.3	学习者的心得与再思考	167

参考文献　　　　　　　　　　　　　　　　　　　　　　169

第一部分　导入篇

1.1　企业经营沙盘管理沙盘是什么

1.2　通过企业经营管理沙盘模拟，我们将获得哪些进步

1.3　我们怎么去学习

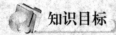 **知识目标**

1. 了解企业经营管理沙盘的类型；
2. 知悉学习企业经营管理沙盘的收获；
3. 掌握企业经营管理沙盘的学习过程。

 技能目标

能够初识企业经营管理沙盘。

本章导读

企业经营管理沙盘将企业运营的关键环节设计为沙盘的主要内容，形象直观、图文并茂。学员在模拟现实企业经营中，感悟企业管理的真谛、提高管理能力。通过本篇的学习，了解企业经营管理沙盘的类型、学习收获，并掌握学习过程，提升自身素质。

1.1 企业经营沙盘管理沙盘是什么

知识拓展 1.1

对于沙盘，我们并不陌生。例如，在战争片中双方将领在沙盘前运筹帷幄、指挥千军万马；在现实生活中，房地产开发商通常都会制作小区规划布局沙盘以利于房屋销售。沙盘比地图更加直观，可以给人亲临其境的感觉。

企业经营管理沙盘借鉴军事沙盘、建筑沙盘等其他沙盘的优势，将一个企业运营的关键环节——战略规划、资金筹集、市场营销、产品研发、生产组织、财务控制、人力资源管理等几个部分设计为沙盘的主要内容，形象直观、图文并茂。学员在模拟现实企业经营过程中，感悟企业管理的真谛，提高管理能力，掌握管理知识，提高自身素质。

企业经营管理沙盘分为物理沙盘和电子沙盘两大类（如图1.1.1和图1.1.2所示）。物理沙盘是指通过各类道具来构建企业经营管理的立体模型，模拟企业的各种经济活动。其道具主要包括沙盘盘面、订单卡片、游戏币以及盛币的空桶等。电子沙盘是指通过计算机网络系统来模拟企业运营的软件，它有展示内容广，手段先进，科技含量高，互动性强等优点。

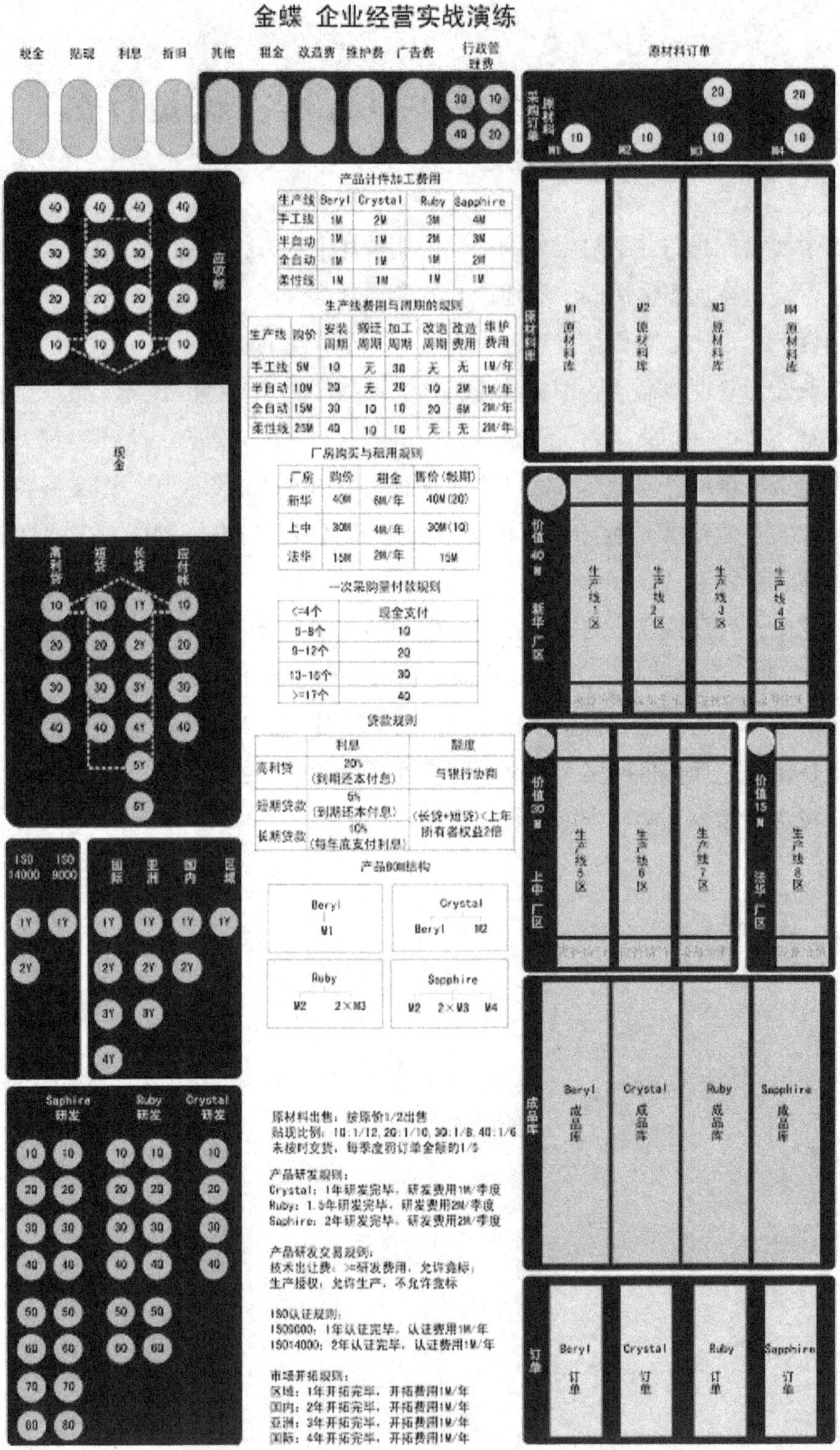
金蝶 企业经营实战演练
现金 贴现 利息 折旧 其他 租金 改造费 维护费 广告费 行政管理费
原材料订单
原材料采购订单
M1 M2 M3 M4
应收帐
现金
高利贷 短贷 长贷 应付帐
ISO 14000 ISO 9000
国际 亚洲 国内 区域
Saphire 研发 Ruby 研发 Crystal 研发
产品计件加工费用
生产线 Beryl Crystal Ruby Sapphire
手工线 1M 2M 3M 4M
半自动 1M 1M 2M 3M
全自动 1M 1M 1M 2M
柔性线 1M 1M 1M 1M
生产线费用与周期的规则
生产线 购价 安装周期 搬迁周期 加工周期 改造周期 改造费用 维护费用
手工线 5M 1Q 无 3Q 无 无 1M/年
半自动 10M 2Q 无 2Q 1Q 2M 1M/年
全自动 15M 3Q 1Q 1Q 2Q 6M 2M/年
柔性线 25M 4Q 1Q 1Q 无 无 2M/年
厂房购买与租用规则
厂房 购价 租金 售价(帐期)
新华 40M 6M/年 40M(2Q)
上中 30M 4M/年 30M(1Q)
法华 15M 2M/年 15M
一次采购量付款规则
<=4个 现金支付
5-8个 1Q
9-12个 2Q
13-16个 3Q
>=17个 4Q
贷款规则
利息 额度
高利贷 20%(到期还本付息) 与银行协商
短期贷款 5%(到期还本付息) (长贷+短贷)<上年所有者权益2倍
长期贷款 10%(每年底支付利息)
产品BOM结构
Beryl M1
Crystal Beryl M2
Ruby M2 2×M3
Sapphire M2 2×M3 M4
原材料出售：按原价1/2出售
贴现比例：1Q:1/12，2Q:1/10，3Q:1/8，4Q:1/6
未按时交货，每季度罚订单金额的1/5
产品研发规则：
Crystal：1年研发完毕，研发费用1M/季度
Ruby：1.5年研发完毕，研发费用2M/季度
Saphire：2年研发完毕，研发费用2M/季度
产品研发交易规则：
技术出让费：>=研发费用，允许竞标；
生产授权，允许生产，不允许竞标
ISO认证规则：
ISO9000：1年认证完毕，认证费用1M/年
ISO14000：2年认证完毕，认证费用1M/年
市场开拓规则：
区域：1年开拓完毕，开拓费用1M/年
国内：2年开拓完毕，开拓费用1M/年
亚洲：3年开拓完毕，开拓费用1M/年
国际：4年开拓完毕，开拓费用1M/年
原材料库
M1 原材料库 M2 原材料库 M3 原材料库 M4 原材料库
价值 40 M 新华 厂区
生产线1区 生产线2区 生产线3区 生产线4区
价值 30 M 上中 厂区
生产线5区 生产线6区 生产线7区
价值 15 M 法华 厂区
生产线8区
成品库
Beryl 成品库 Crystal 成品库 Ruby 成品库 Sapphire 成品库
订单
Beryl 订单 Crystal 订单 Ruby 订单 Sapphire 订单

图 1.1.1　物理沙盘盘面

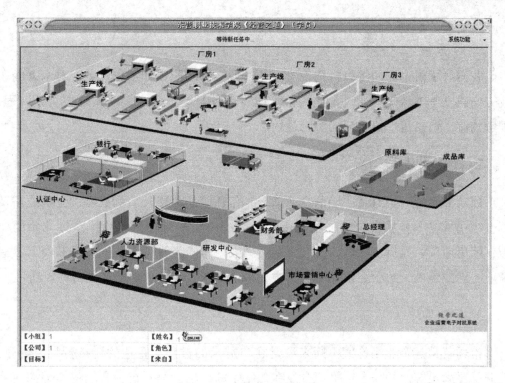

图 1.1.2 电子沙盘盘面

1.2 通过企业经营管理沙盘模拟，我们将获得哪些进步

  沙盘模拟作为一种体验式的教学方式，是继传统教学及案例教学之后的一种教学创新。借助沙盘模拟，可以强化学员的管理知识、训练其管理技能、全面提高其综合素质。沙盘模拟教学融理论与实践于一体、集角色扮演与岗位体验于一身，可以使学员在参与、体验中完成从知识到技能的转化。

1.2.1 多方位拓展知识，培养能力

  沙盘模拟通过对企业经营管理的全方位展现，通过模拟体验，可以使我们在以下几个方面获益：

1. 全方位认知企业

我们将了解企业的组织机构设置、各管理机构的职责和工作任务，对未来的职业方向建立基本认知。通过企业经营管理沙盘模拟了解企业管理体系和业务流程，理解物流、信息流、资金流的协同过程。

知识拓展
1.2

2. 战略管理

成功的企业一定有着明确的企业战略，包括产品战略、市场战略、竞争战略及资金运用战略等。从最初的战略制定到最后的战略目标达成分析，经过几年的模拟，经历迷茫、挫折、探索，我们将学会用战略的眼光看待企业的业务和经营，保证业务与战略的一致，在未来的工作中更多地获取战略性成功而非机会性成功。

3. 营销管理

市场营销是企业用价值不断来满足客户需求的过程。企业的所有行为、资源，无非是要满足客户的需求。模拟企业在几年中的市场竞争对抗，我们将学会如何分析市场、关注竞争对手、把握消费者需求、制定营销战略、定位目标市场，制订并有效实施销售计划，最终达成企业战略目标。

4. 生产管理

在模拟中，把企业的采购管理、生产管理、质量管理统一纳入到生产管理领域，则新产品研发、物资采购、生产运作管理、品牌建设等一系列问题背后的一系列决策问题就自然地呈现在我们面前，跨越了专业分隔、部门壁垒。我们将充分运用所学知识积极思考，在不断的成功与失败中获取新知，提高能力。

5. 财务管理

在沙盘模拟过程中，我们将：清晰掌握资产负债表、利润表、现金流量表的结构；掌握资本流转如何影响损益；解读企业经营的全局；预估长短期资金需求，以最佳方式筹资，控制融资成本，提高资金使用效率；理解现金流对企业经营的影响。

6. 人力资源管理

从岗位分工、职位定义、沟通协作、工作流程到绩效考评，在沙盘模拟中每个团队经过初期组建、短暂磨合、逐渐形成团队默契，完全进入协作状态。在这个过程中，各自为战导致的效率低下、无效沟通引起的争论不休、职责不清导致的秩序混乱等情况，可以使我们：深刻地理解局部最优不等于总体最优的道理，学会换位思考；明确只有在组织的全体成员有着共同愿景、朝着共同的绩效目标、遵守相应的工作规范、彼此信任和支持的氛围下，企业才能取得成功。

7. 现代社会中需要的信息管理的思维方式

通过沙盘模拟，我们真切地体会到构建企业信息系统的紧迫性。企业信息系统如同飞行器上的仪表盘，能够时刻跟踪企业运行状况，对企业业务运行过程进行控制和监督，及时为企业管理者提供丰富的可用信息。通过沙盘模拟信息化体验，我们将感受到企业信息化的实施过程及关键点，从而合理规划企业信息管理系统，为企业信息化做好观念和能力上的铺垫。

1.2.2 全面提高综合素质

作为企业经营管理仿真教学系统，沙盘模拟还可以用于综合素质训练，使我们在以下方面获益：

1. 树立共赢理念

市场竞争是激烈的，也是不可避免的，但竞争并不意味着你死我活。寻求与合作伙伴之间的双赢、共赢才是企业发展的长久之道。这就要求企业知彼知己，在市场分析、竞争对手分析上做足文章，在竞争中寻求合作，企业才会有无限的发展机遇。

2. 全局观念与团队合作

通过沙盘模拟对抗课程的学习，可以深刻体会到团队协作精神的重要性。在企业运营这样一艘大船上，CEO（首席执行官）是舵手、CFO（首席财务官）保驾护航、营销总监冲锋陷阵……在这里，每一个角色都要以企业总体最优为出发点，各司其职，相互协作，才能赢得竞争，实现目标。

3. 保持诚信

诚信是一个企业的立足之本，发展之本。诚信原则在沙盘模拟课程中体现为对

"游戏规则"的遵守，如市场竞争规则、产能计算规则、生产设备购置以及转产等具体业务的处理。保持诚信是立足社会、发展自我的基本素质。

4. 个性与职业定位

每个个体因为拥有不同的个性而存在，这种个性在沙盘模拟对抗中会显露无遗。在分组对抗中，有的小组轰轰烈烈，有的小组稳扎稳打，还有的小组则不知所措。虽然，个性特点与胜任角色有一定关联度，但在现实生活中，很多人并不是因为"爱一行"才"干一行"，更多的情况是需要大家"干一行"就"爱一行"。

5. 感悟人生

在市场的残酷与企业经营风险面前，是"轻言放弃"还是"坚持到底"？这不仅是一个企业可能面临的问题，更是在人生中不断需要抉择的问题，经营自己的人生与经营一个企业具有一定的相通性。

6. 实现从感性到理性的飞跃

在沙盘模拟中，我们将经历一个从理论到实践、再到理论的上升过程，把自己亲身经历的宝贵实践经验转化为全面的理论模型。借助沙盘推演自己的企业经营管理思路，每一次基于现场的案例分析及基于数据分析的企业诊断，都会使我们受益匪浅，达到磨炼商业决策敏感度、提升决策能力及长期规划能力的目的。

1.3 我们怎么去学习

作为一种体验式的教学方式，企业经营管理沙盘模拟有着与传统教学截然不同的学习方式。传统的教学方式是老师把学生当作知识的容器，学生被动地接受教师的灌输；而在沙盘模拟教学方式下学生将会成为学习的主人，在统一的游戏规则下，自己的经营团队同其他同学组成的经营团队进行对抗，在对抗中提高能力、获取知识。

我们学习的过程是这样的：

（1）组建自己的经营团队，团队成员之间进行科学、合理的分工。

（2）熟悉企业经营管理沙盘模拟的市场规则。

(3) 熟悉企业经营管理沙盘模拟的企业运营规则。

(4) 熟悉沙盘的操作规则。

(5) 制定自己"企业"的经营战略和战术。

(6) 在同一市场条件下自己经营的"企业"与其他"企业"进行长达八个季度的竞争。

(7) 每个季度结束,总会出现"几家欢乐几家愁",分析原因,调整策略,继续竞争。

(8) 模拟经营结束,自己经营的"企业"业绩如何?

(9) 反思:在沙盘模拟经营中我们学到了什么?有哪些值得骄傲的地方,有哪些决策痛心疾首?今后将如何努力?

本章回顾

企业经营管理沙盘是什么	介绍了企业经营管理沙盘的发展、类型及盘面构成
通过企业经营管理沙盘模拟,我们将获得哪些进步	从多方位拓展知识、培养能力以及全面提高综合素质两个层面,分别阐明学习企业经营管理沙盘所带来的收益
我们怎么去学习	不同于传统的学习方式,企业经营管理沙盘的学习过程分了九个阶段

第二部分　创建企业篇

Two 2

2.1　组建团队

2.2　岗位认知

知识目标

1. 了解企业团队常见的岗位；
2. 明确各岗位的职责。

技能目标

能够根据实际情况，初步创建企业，能够根据职责进行分工和角色分配。

本章导读

好的企业团队是提升竞争优势的关键要素，在本篇中，将重点介绍如何创建企业管理团队，怎么设立企业的长远目标及价值观，常见的岗位都有哪些，以及各自的角色职责分别是什么。

在本部分学习中，你的团队将接受投资股东的委托经营一家初创企业，并进入竞争激烈的手机制造市场。

你和你的团队成员将分别担任新公司的总经理、财务总监、市场总监、生产总监、研发总监等角色，组建新公司的管理层，并在变幻莫测和竞争激烈的市场环境中得以生存和发展。所有参加本部分学习的其他团队将是您的强有力的竞争对手。面对激烈的市场环境，公司的管理团队现在必须要做出竞争分析、渠道开发、市场营销、产品研发、品牌设计、财务预算、成本控制、经营分析、绩效改进等各项经营决策并有效执行。所有这些经营决策将以任务形式发布给各个团队。

在为期八个季度的企业模拟经营实战中，每家公司都需要对各项任务进行分析和讨论，最终形成公司的经营决策，并输入到电脑模拟系统中。

通过若干个经营周期的运营管理与市场竞争，你和你的团队应尽可能地实现公司价值的最大化，并在与其他团队的激烈竞争中保持企业的发展、壮大。是给股东带来丰厚投资回报，还是经营困难甚至面临破产？公司的命运就掌握在你的手中，它的兴衰荣辱将由你和你的管理团队来把握！

准备好了吗？让我们开始一场紧张刺激的经营之旅吧！

2.1 ■ 组建团队

西游记团队

你和你的团队将有机会经历一家企业从创立到发展、到壮大的整个阶段，这将是一次有趣而又刺激的经营之旅。在开始模拟经营之前，你必须和你的团队讨论并确定你的企业的组织结构。你和你的经营团队成员可以自己选择合适的决策模式：授权或是集中决策。预祝你的企业能在激烈的市场竞争中取得最优的业绩！

知识拓展 2.1

各模拟企业正常情况下人数为4～7人，一般设立总经理、市场总监、财务总监、生产总监、研发总监等岗位，可根据人数增减岗位。各模拟企业可自由选择方式确定具体岗位人选，并讨论、确定企业的基本情况，将讨论结果填入表2.1.1中。建议各模拟企业根据性别、专业、性格选择成员，以达到最佳团队合作效果。

表 2.1.1　企业基本情况说明

企业序号：

企业基本情况	企业名称			
	企业价值观			
	企业目标			
岗位角色	总经理			
	市场总监		财务总监	
	生产总监		研发总监	
	其他角色			

总经理人选需要准备一次 3 分钟的演讲，向大家介绍自己的企业。演讲要求生动、形象、富有活力，并能让人记忆深刻。

2.2　岗位认知

2.2.1　总经理

企业所有的重大决策均由总经理带领团队成员共同决定，如果意见不一，总经理拥有决策权。在整个经营季度中，总经理还要负责时时调整、优化企业流程与结构，以达到最佳绩效。总经理具体职责如下：

- 制定发展战略
- 竞争格局分析
- 经营指标确定
- 全面预算管理
- 管理团队协同

- 企业绩效管理
- 管理授权与总结

2.2.2 市场总监

作为企业的市场总监，一方面要积极分析现有市场环境，把握机会，制订有效的营销计划并实施。另一方面，结合自身情况，认真分析竞争对手，如：对手已开发或正开发的市场有哪些？订单有多少？宣传费用有多少？生产线都有哪些？等等。知己知彼，为以后的营销、生产提供依据。具体职责如下：

- 市场环境分析
- 竞争对手分析
- 市场开发策略
- 销售渠道设立
- 广告宣传策略
- 产品定价策略
- 产品发货管理
- 销售绩效分析

2.2.3 财务总监

财务总监主要负责对企业资金进行有效的管理：一方面，参与企业重大决策，支付日常费用，合理运用资金，管理好企业现金流；另一方面，进行资金的有效预测，积极筹资，保障企业正常运转。财务总监具体职责如下：

- 日常现金管理
- 日常财务记账和登账
- 提供财务报表
- 企业融资策略制定
- 成本费用控制
- 资金调度
- 财务制度与风险管理
- 财务分析与协助决策

2.2.4 生产总监

生产总监是生产部门的核心人物，对企业的生产活动负有全责。生产总监监控企业生产经营的正常运行，负责厂房与生产线的选择、购置、投产、变更、维护、出售，以及原料采购、库存管理等工作。具体职责如下：

- 固定资产投资
- 编制生产计划
- 平衡生产能力
- 厂房生产线管理
- 原料采购计划
- 库存成品管理

2.2.5 研发总监

在模拟企业中，研发总监主要负责产品设计、研发投入以及管理体系认证工作，以辅助企业正常生产、销售。具体职责如下：

- 产品设计策略
- 产品研发管理
- 管理体系认证

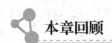

本章回顾

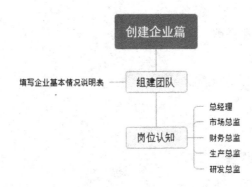

第三部分　掌握规则篇

3.1　了解商业背景

3.2　熟悉经营规则

3.3　模拟运营流程

3.4　分析企业经营

知识目标

1. 了解多项商业背景；
2. 熟悉各项经营规则；
3. 掌握模拟运营流程；
4. 学会企业经营分析方法。

技能目标

能够灵活运用商业背景和经营规则，模拟企业运营。

本章导读

在前一部分创建好了公司之后，公司将持续经营八个经营周期，每个经营周期包含了若干步被分解的决策任务，涉及信息研究、研发、投资、生产、采购、营销等企业经营的各个环节，内容复杂。在这一篇中，我们将重点介绍公司面临的商业背景信息、各项经营规则、各步骤运营流程，并学会分析公司经营结果，学以致用。

3.1 了解商业背景

你与你的团队即将经营一家新创立的公司。在公司经营之初,你们将拥有一笔来自股东的 300 万元的创业资金,用以组建各自的虚拟公司。虚拟公司将经历八个经营周期,每个经营周期包含了若干步被分解的决策任务。这些任务涉及信息研究、研发、投资、生产、采购、营销等企业经营的各个环节。

每个公司都需要仔细讨论每一步决策任务,形成最后的一致意见并输入计算机。希望你的公司在经历完八个周期后,成为本行业的佼佼者。

3.1.1 市场环境

知识拓展 3.1

公司将有七个市场区域可供选择,分别是华东市场、东北市场、华北市场、西北市场、西南市场、华中市场、华南市场。不同市场区域的不同产品在市场容量及走势、产品价格及走势等方面不同,需要经营者分析和判断。

所有公司目前均具备相同的资源及新产品研发能力。每个公司产品都经由在这些区域设立的销售网点开展销售。

3.1.2 目标群体

公司针对的目标客户群体被限定于三类,分别是青少年群体、中老年群体、商务人士群体。在竞争初期,所有公司都具备针对青少年群体的产品生产技术。针对另外两类消费群体的产品需要提前投入费用和时间完成产品研发后,才能进行设计、生产,并进行市场推广、销售。

总体来说,这三类消费群体对产品价格的敏感程度和需求有很大的不同,所以,针对每一类消费群体,你的公司需要依其不同的需求而采用不同的产品设计策略:

1. 青少年客户群体

- 追求时尚,个性张扬,喜欢新鲜事物;
- 对产品的需求相对简单,更关注产品给个性带来的潮流感和满足感。

2. 中老年客户群体

- 对产品价格比较敏感，价格是重要的参考要素之一，但并不是绝对因素；
- 更偏向经济实用且易于使用和维护的产品。

3. 商务人士客户群体

- 很愿意为高端产品支付高价格；
- 追求高性能的产品以满足商务需要。

图3.1.1、图3.1.2和图3.1.3是不同消费群体所关注的产品特性，数值越大的项目说明消费者越关注，数值越小的项目说明消费者关注的程度较低，但不表示不关注。每个公司都应该尽量设计出更符合消费者需求的产品，使产品适销对路。良好的产品设计与定位对提高产品销量将有很大的帮助作用，反之则可能使产品滞销。

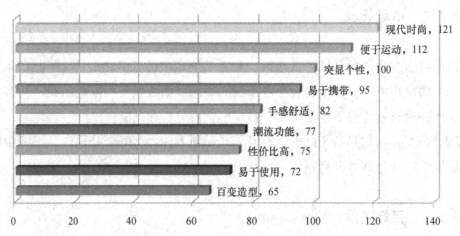

图 3.1.1　青少年消费群体需求分析

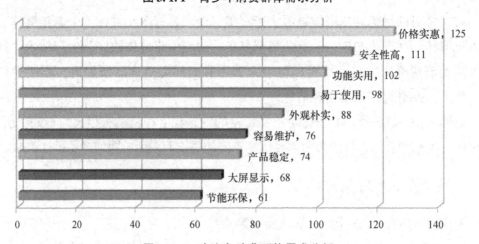

图 3.1.2　中老年消费群体需求分析

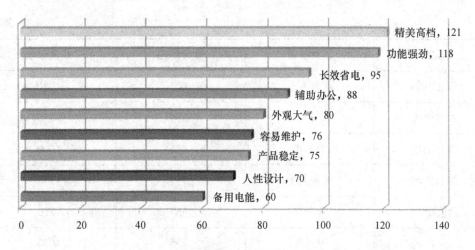

图 3.1.3　商务人士消费群体需求分析

3.1.3　产品价格

经过专业市场调研机构的初步调查,我们了解到不同消费者对产品价格的接受范围是有差异的。表 3.1.1 展示了不同地区、不同消费者对产品愿意支付的参考价格,该价格是在一定调查样本基础上做出的估计值,在估计上会偏乐观,未必完全准确,实际参考价格以销售当期为准。系统规定了最高限价,在定价时不能超过最高限价。

表 3.1.1　产品参考价格

单位:元/箱

市场区域	消费群体	参考价格	最高限价
华东市场	青少年	620	885
华东市场	中老年	810	1075
华东市场	商务人士	1045	1310
东北市场	青少年	555	820
东北市场	中老年	735	1000
东北市场	商务人士	975	1240
华北市场	青少年	570	835
华北市场	中老年	775	1040

续表

市场区域	消费群体	参考价格	最高限价
华北市场	商务人士	1005	1270
西北市场	青少年	555	820
西北市场	中老年	735	1000
西北市场	商务人士	975	1240
西南市场	青少年	555	820
西南市场	中老年	735	1000
西南市场	商务人士	975	1240
华中市场	青少年	570	835
华中市场	中老年	775	1040
华中市场	商务人士	1005	1270
华南市场	青少年	605	870
华南市场	中老年	795	1060
华南市场	商务人士	1030	1295

3.1.4 市场竞争

不同市场区域的消费者，通过以下因素来选择、确定最终购买哪家公司的产品。

（1）参与竞争公司的产品特性差异：越符合消费者预期需求的产品，被购买的可能越大。

（2）区域广告投入：广告投入只影响当期销售，无累计效应。当期广告投入越多，产品被购买的可能越大；每个公司在某个区域内的广告投入效果与所有参与该区域竞争的公司广告的总体投入额度密切相关，公司广告投入占行业比重越大，效果越明显，反之则越弱。

（3）产品销售价格（定价）：每个区域的消费者都有心理最佳承受价（参考价），厂家在参考价基础上适当降价将有利于产品销售，但过低的价格将使消费者

海尔强大的企业文化

怀疑产品品质,从而降低销量。

(4) 除以上三个因素外,每个公司在不同市场区域的销售网点总能力也是必备要素,网点能力太小将对销售形成瓶颈制约。由于市场容量的固定性,故过多的网点也不能促进销量。

知识拓展 3.2

3.1.5 需求预测

第一季度公司处于筹建期,主要是做好企业战略与投资规划,没有市场销售活动。表3.1.2提供了第一季度到第十二季度的需求总量估计(以两个企业的订单规模为例),该总量是在一定调查样本基础上做出的预估值,在估计上会偏保守,未必完全准确,仅供参考。

表 3.1.2　产品需求总量预测

单位:元/箱

市场区域	消费群体	估计总量	备注
华东市场	青少年	37 640	
华东市场	中老年	26 086	
华东市场	商务人士	27 666	
东北市场	青少年	27 200	
东北市场	中老年	21 950	
东北市场	商务人士	17 505	
华北市场	青少年	27 725	
华北市场	中老年	29 216	
华北市场	商务人士	30 905	
西北市场	青少年	25 070	
西北市场	中老年	18 467	
西北市场	商务人士	14 865	
西南市场	青少年	26 835	

续表

市场区域	消费群体	估计总量	备注
西南市场	中老年	19 207	
西南市场	商务人士	18 771	
华中市场	青少年	27 339	
华中市场	中老年	27 947	
华中市场	商务人士	17 926	
华南市场	青少年	24 508	
华南市场	中老年	24 449	
华南市场	商务人士	24 870	

3.1.6 资质认证

随着产品的成熟与市场竞争的日趋激烈，一些区域市场的管理机构会对所有相关的生产企业提出更严格的要求，对生产厂家在预防污染、节能减排、提高资源能源利用率等方面的要求也将逐步提高。在将来，凡是未通过ISO 9000质量管理体系认证或 ISO 14000 环境管理体系认证的企业，其产品在这些市场将不允许销售。

各细分市场对企业资质认证的要求如表3.1.3所示，★表示有 ISO 9000 资质认证要求，▲表示有 ISO 14000 资质认证要求，空白的表示没有资质认证要求。各企业根据自身情况合理安排资质认证时间。

表3.1.3 市场资质认证要求

市场区域	产品	第四季	第五季	第六季	第七季	第八季
华东市场	青少年	★	★	★▲	★▲	★▲
华东市场	中老年	★	★	★▲	★▲	★▲
华东市场	商务人士	★	★	★▲	★▲	★▲
华南市场	青少年		★	★▲	★▲	★▲
华南市场	中老年		★	★▲	★▲	★▲

续表

市场区域	产品	第四季	第五季	第六季	第七季	第八季
华南市场	商务人士		★	★▲	★▲	★▲
东北市场	青少年		★	★▲	★▲	★▲
东北市场	中老年		★	★▲	★▲	★▲
东北市场	商务人士		★	★▲	★▲	★▲
华中市场	青少年			★	★▲	★▲
华中市场	中老年			★	★▲	★▲
华中市场	商务人士			★	★▲	★▲
西南市场	青少年			★	★▲	★▲
西南市场	中老年			★	★▲	★▲
西南市场	商务人士			★	★▲	★▲
西北市场	青少年			★	★▲	★▲
西北市场	中老年			★	★▲	★▲
西北市场	商务人士			★	★▲	★▲
华北市场	青少年			★	★	★▲
华北市场	中老年			★	★	★▲
华北市场	商务人士			★	★	★▲

3.2 熟悉经营规则

3.2.1 基本规则

所有公司在经营期间都应遵守基本经营规则，如表 3.2.1 所示。

表 3.2.1 基本经营规则

项　目	数　值	说　明
所得税税率	25%	每季度初扣除上季度应交所得税
基本行政管理费用/（元/季）	100 000	每季度固定费用，在期末自动扣除
未交货订单处罚比例	30%	订单要求当季交货，未交货部分按30%罚款，并取消订单
产品设计费用/元	100 000	未完成设计的产品将不允许采购原材料生产
银行贷款最大额度/（元/季）	1 500 000	累计贷款不能超过上期末企业所有者权益
短期贷款季度利率	10%	可随时向银行申请，利息在申请成功后一次性支付
紧急贷款季度利率	30%	不能主动申请，在资金链断裂时，由系统自动产生，利息在贷款时一次性支付
一季度账期应收账款贴现率	4%	可随时在财务部办理贴现
二季度账期应收账款贴现率	6%	可随时在财务部办理贴现

1. 所得税

在一个季度的经营周期内，如果企业损益表中的税前利润为正，则需要根据所得税税率计算出应缴纳的所得税。所得税计算公式：

$$所得税 = 税前利润 \times 所得税税率$$

如果当季度有所得税，则计入资产负债表中的应付税金。在下一季度初，系统将自动根据上季资产负债表中的应付税金缴纳企业所得税。

注意：不论上季度是否有亏损，在计算所得税时，将不对以上季度的亏损进行弥补。

2. 行政管理费

无论是否生产运营，每季度均需要支付一定额度的基本行政管理费用，此笔费用在每季度"支付各项费用"任务时扣除。

3. 设计费

在设计产品特性时，无论参数如何设计调整，只要进行了修改，并点击了"保存"按钮,则系统将自动扣除一定额度的产品设计费。产品设计费在每季度"支付各项费用"任务时扣除。

4. 贷款

(1) 分类。贷款包括短期贷款和紧急贷款。

短期贷款可以主动申请。在资金紧张时,企业可以随时向银行申请短期贷款,并按照短期贷款利率向银行支付贷款利息。贷款利率指的是三个季度贷款的总利率。利息计算:

$$短期贷款总利息 = 短期贷款金额 \times 短期贷款利率$$

每季度贷款的额度有限制,最多不能超过系统中给定的贷款额度。同时,累计的贷款金额不能超过企业上季末的所有者权益。

紧急贷款不能主动向银行申请。在企业运营过程中,如果现金不足而导致资金链断裂时,系统将自动给企业申请紧急贷款。紧急贷款的金额以刚好满足企业现金支出不足部分为限。利息计算:

$$紧急贷款总利息 = 紧急贷款金额 \times 紧急贷款利率$$

注意:当企业现金不足时,将不允许再购买厂房或生产线。其他操作仍可以继续进行,系统将会自动给予紧急贷款。

(2) 利息支付。无论是短期贷款还是紧急贷款,贷款利息都是在成功申请贷款后一次性支付。

(3) 贷款归还。无论是短期贷款还是紧急贷款,都不能提前归还,在到期后的下一个季度的季末自动归还。如第一季度贷款,则在第四季度末自动归还贷款。

5. 违约金

企业当季度接到的所有订单均要求在当季度交货,不允许延期交货。如果存货不足以交付一个区域的完整订单,可以只交付一部分订单。

对未能交货的部分订单,将对企业按未交货部分订单处以一定比例的罚金。计算方法:

$$违约金 = 未交货订单的合同额 \times 处罚比例$$

未交货的订单违约金在每季度"支付各项费用"任务时扣除。

注意:订单不能延期交付也不能转包给其他企业。

知识拓展
3.4

6. 贴现

对部分市场的客户订单，将不是直接以现金进行结算，而是有一定时间的结算期。如果企业有这些订单交付，对应的销售额将以应收账款的形式反映到企业资产负债表的流动资产里。

如果企业资金紧张，可以提前将应收账款收回，但需要支付一定的贴现利息。计算方法：

$$应收账款贴现利息 = 贴现的应收账款金额 \times 对应账期的贴现率$$

应收账款可以随时到财务部去办理贴现，贴现时直接扣除贴现利息。应收账款在到期的季度末自动收回。如第二季度末销售发生一笔应收账款，账期为一个季度，如果没有提前贴现，则在第三季度末时自动收回。

3.2.2 产品研发

不同的产品研发周期不同，研发总费用也不同，产品研发的规则如表3.2.2所示。

表3.2.2 产品研发规则

目标群体	每期投入费用/元	研发总周期/季	总投入费用/元
青少年	0	0	0
中老年	100 000	2	200 000
商务人士	100 000	3	300 000

企业有多个产品可以选择研发生产。在初始阶段，除了青少年产品已完成研发可以直接生产、销售外，其他二类产品均需要完成研发才能生产、销售。企业在每个季度均有一次产品研发投入的机会。完成整个产品的研发需要花费一定的时间周期和投入若干费用，研发费用在确定投入时直接扣除。

如果企业资金紧张，可以暂停产品的研发，待将来资金宽裕时再继续投入资金进行产品研发。只要累计完成了研发投入，从下一季度开始，企业可以生产、销售该产品。例如，中老年产品的研发周期为两个季度，企业从第一季度开始研发中老年产品，第二季度继续投入研发，则到第三季度初，企业将完成中老年产品的研发，可以开始设计产品特性并安排生产、销售。

3.2.3 资质认证

企业在每个季度均可以决策是否在认证方面进行投资。完成整个认证需要花费一定的时间周期和投入若干费用。认证费用在确定认证投入时直接扣除。如果企业资金紧张,可以暂停资质认证的投入,待将来资金宽裕时再继续投入资金进行资质认证。只要累计完成了认证投入,从下一季度开始,企业可以获得相关的资质认证资格。资质认证规则见表3.2.3。

表 3.2.3 资质认证规则

认证类型	每期投入费用/元	认证总周期/季	总投入费用/元
ISO 9000	200 000	2	400 000
ISO 14000	200 000	3	600 000

3.2.4 市场开发

所有产品可以在七大市场区域销售。要进入相关的市场区域销售企业的产品,首先需要完成对市场的前期调研与开发。对于未完成开发的市场区域,将不能在该区域设立销售与配送网点,不能在该市场销售产品。每个市场区域的开发可能会有不同时间周期,只要累计完成了市场开发的投入周期,从下一季度开始,企业可以在该市场区域建设网点,开展销售工作。市场开发规则如表3.2.4所示。

表 3.2.4 市场开发规则

区域市场	每期投入费用/元	开发总周期/季	总投入费用/元
华东市场	100 000	1	100 000
东北市场	100 000	2	200 000
华北市场	100 000	2	200 000
西北市场	100 000	3	300 000
西南市场	100 000	3	300 000
华中市场	100 000	1	100 000
华南市场	100 000	1	100 000

知识拓展
3.5

3.2.5 渠道建设

在完成了市场区域的调研开发后,企业可以在该市场上建设销售与配送网点。渠道建设规则见表3.2.5。

表3.2.5 渠道建设规则

市场区域	目标群体	每个网点设立费用/元	每个网点人力成本/(元/季度)	每个网点配送能力/(箱/季度)
华东市场	青少年	4000	4000	100
华东市场	中老年	4000	4000	100
华东市场	商务人士	4000	4000	100
东北市场	青少年	2000	2000	100
东北市场	中老年	2000	2000	100
东北市场	商务人士	2000	2000	100
华北市场	青少年	3000	3000	100
华北市场	中老年	3000	3000	100
华北市场	商务人士	3000	3000	100
西北市场	青少年	2000	2000	100
西北市场	中老年	2000	2000	100
西北市场	商务人士	2000	2000	100
西南市场	青少年	2000	2000	100
西南市场	中老年	2000	2000	100
西南市场	商务人士	2000	2000	100
华中市场	青少年	3000	3000	100
华中市场	中老年	3000	3000	100
华中市场	商务人士	3000	3000	100
华南市场	青少年	4000	4000	100
华南市场	中老年	4000	4000	100
华南市场	商务人士	4000	4000	100

不同产品线的销售配送网点是不同的，如果企业希望在某一市场销售多种产品，则需要分别建设相应产品的网点。

每一个销售配送网点的最大销售能力均有上限，即最多能完成多少产品的销售配送。例如，在某一市场建了五个网点，按每个网点每季度最大销售能力为100箱计算，则企业在这一市场最多能接到500箱的订单量。即使可能有更多的客户想选择购买本企业的产品，但由于网点数量的限制，超出网点最大销售能力外的客户订单将不会提供给企业。

在市场开发成功后，企业在每季度均可以增加或减少网点的数量。新设立的网点需要支付设立费用，用作网点设立的房租、水电等各项支出。同时，从设立时开始，每个网点需要支付人力成本。对于不需要的渠道网点，可以撤销。网点在撤销当季仍然需要支付人力成本，同时撤销当季将不再发生作用。

3.2.6 原料采购

企业生产产品前需要采购原材料，各类原材料的购买价格等采购规则如表3.2.6所示。未完成研发和设计的产品，将不允许采购原材料。每种产品需要相应的生产原料，一箱产品原料可加工成一箱相应的产品。

表 3.2.6 原料采购规则

原料类别	购买价格/（元/箱）	采购款应付账期/季	成品运输费/（元/箱）
青少年	200	1	20
中老年	300	1	20
商务人士	400	1	20

3.2.7 生产制造

1. 厂房规则

购买生产线之前，需要购买或者租用厂房，不同类型的厂房购买价格、租用价格、容纳的生产线不同，其规则如表3.2.7所示。厂房购买当期不折旧，第二期开始按直线法每期计提折旧，出售时价格为厂房净值。当现金不足时，将不允许购买厂房。

表 3.2.7 厂房规则

厂房类型	购买价/元	租用价/（元/季度）	季度折旧率	可容纳生产线/条
大型厂房	1 200 000	120 000	2%	4
中型厂房	800 000	80 000	2%	2
小型厂房	500 000	50 000	2%	1

2. 生产线规则

知识拓展
3.6

生产线只能购买，购买当期不折旧，第二期开始按直线法每期计提折旧。生产线可出售，出售时价格为设备净值，出售当季要计提折旧。生产线购买当期开始每期支付维修费。部分生产线购买后有安装期，安装期后方可投入生产。部分生产线只能生产特定产品，但可以通过变更设备以生产其他产品，变更需要一定时间与费用。当现金不足时，将不允许购买生产线。生产线规则如表 3.2.8 所示。

表 3.2.8 生产线规则

类型	目标群体	购买价格/元	季度折旧率	安装期/季度	产能/箱	下线期/季度	加工费/（元/箱）	变更费/元	变更期/季度	维修费/（元/季度）
柔性	任何群体	1 200 000	5 %	1	2000	0	20	无	无	40 000
全自动	青少年	1 000 000	5 %	1	1500	0	20	20 000	1	30 000
全自动	中老年	1 000 000	5 %	1	1500	0	20	20 000	1	30 000
全自动	商务人士	1 000 000	5 %	1	1500	0	20	20 000	1	30 000
半自动	青少年	800 000	5 %	0	1000	0	20	10 000	1	20 000
半自动	中老年	800 000	5 %	0	1000	0	20	10 000	1	20 000
半自动	商务人士	800 000	5 %	0	1000	0	20	10 000	1	20 000
手工	任何群体	500 000	5 %	0	500	0	20	无	无	10 000

3.2.8 现金收支

在经营过程中系统规定了各项经营决策的时间次序和收入及支出现金的时间，掌握这些规则，将有利于更加合理的安排各项资金。现金收入及支出时间详见表3.2.9。

表3.2.9 现金收入及支出时间

决策时间次序	收入及支出现金情况
每季季初	支付上季所得税
研发资质认证	支付产品研发费，支付资质认证费
调整销售渠道	支付网点开办费，支付市场开发费
调整厂房设备	支付购买厂房费用，支付购买生产线费用
安排生产任务	支付产品生产加工费
制定产品定价	支付品牌及广告投入费
产品配送运输	支付交货产品的运输费，收到零账期订单的现金
支付各项费用	支付产品设计费，支付行政管理费，支付销售网点维护费，支付生产线维修费，支付厂房租金，支付订单违约罚金
每季季末	支付到期的应付账款，收到到期的应收账款，归还到期贷款

说明：<u>短期借款可随时去银行办理，现金实时到账，同时扣除借款利息。应收账款贴现可随时去财务管理中心办理，需要支付一定比例的贴现利息</u>。

3.3 模拟运营流程

3.3.1 设立企业

1. 进入系统

点击桌面图标进入学员客户端程序。

"服务器"一栏填入数据处理服务器的网络 IP 地址。

"教室号码"一栏填入教室号码,该号码可以询问实验老师,由教师控制程序决定在哪个教室内开课。界面如图 3.3.1 所示:

图 3.3.1 进入虚拟教室界面

只有在教师程序提前进入某一个教室后,相关学员程序才能进入同样教室,否则将出现错误登录提示,如图 3.3.2 所示:

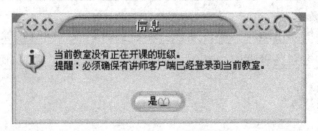

图 3.3.2 错误登录提示

如果没有意外的话,则点击"进入教室"按钮开始进入教室,将呈现图 3.3.3 所示界面:

图 3.3.3 学员登录列表

2. 选择学员登录

在学生程序进入教室后,可以看到整个课程的所有学员列表,这些学员信息已经由老师提前在系统内录入,并已被分成若干个小组。每个学员可以选择自己的名字开始进入虚拟企业,登录口令默认为空。登录后将进入系统主界面(如图 3.3.4 所示):

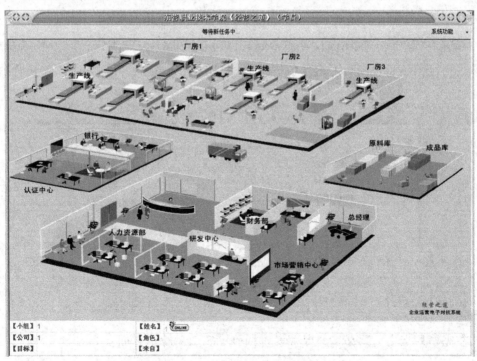

登录系统
操作演示

图 3.3.4 系统主界面

3. 分配学员角色

电子对抗系统把所有学员分成若干小组，同时每个小组内的每个学员将被赋予不同的职责，系统内置了"总经理""财务总监""市场总监""生产总监"等各种角色，其中只有"总经理"角色才具有在系统内递交经营数据的权限，其他角色作为团队的一员，更多的是需要从不同角度收集信息，为整个团队做出的每个决策提供可靠的保障。

总经理登录的客户端程序，依据每个模拟企业先前确定的岗位角色，统一分配操作，点击右上方的"系统功能"→"课程配置"，打开图3.3.5所示界面：

操作	学员姓名	学员来自	所属小组	小组角色
修改个人信息	1		1(1)	
	2		2(2)	
	3		3(3)	
	4		4(4)	
	5		5(5)	
	6		6(6)	

图3.3.5　学员列表界面（修改个人信息前）

点击 修改个人信息 ，顺便设置登录密码，以防止其他学员盗用自己账号登录系统，窃取公司经营信息，同时可选角色栏选择"总经理"角色，界面如图3.3.6所示：

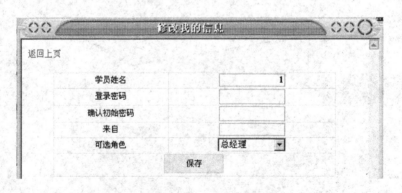

图3.3.6　修改个人信息界面

在完毕后点击 保存 保存设置回到图3.3.7所示界面：

图 3.3.7　学员列表界面（修改个人信息后）

再点击 修改小组信息 替组内其他成员分配角色，顺便填上小组对外的名称（公司名）、小组的目标等信息，界面如图 3.3.8 所示：

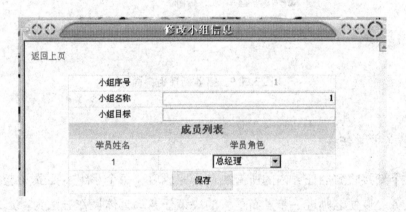

图 3.3.8　修改小组信息界面

在设置完成后点击 保存 ，关闭当前配置窗口，回到主界面。

3.3.2　任务说明

1. 接收任务

电子对抗平台是一个任务发布—接收协同系统。电子对抗平台将一个现实企业经营活动拆解成若干相对简单的任务，每个任务下面又包含了若干的经营决策。教师控制端程序控制任务的发布：教师程序在发布了一个新任务后，每个小组以总经理角色登录的客户端程序将会自动跳出决策界面,界面如图3.3.9所示。组内以其他角色(如财务总监)登录的客户端程序却不会跳出该决策界面。教师发布新任务后,小组内的所有成员需要按角色收集相关信息,给管理层讨论提供可靠、详细的数据来源,最终形成决策并输入到电脑中。

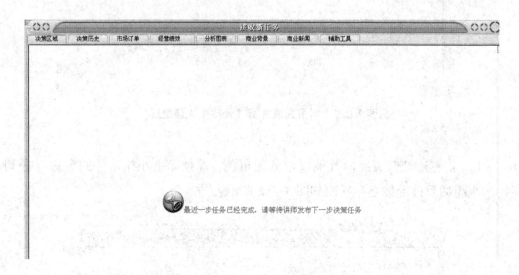

图3.3.9　接收新任务界面

2. 完成当前任务

当一个新接收到的任务内的所有决策均完成后,每个小组需要通知老师已经完成当前任务,以便老师进一步发布更多的决策任务。具体操作方法为:点击跳出的决策窗口下方的 完成 按钮。

3. 暂时关闭决策窗口

如果还没有完成当前任务的所有决策,而又想暂时关闭当前决策窗口,则点击跳出的决策窗口下方的 决策中 按钮。

4. 重新打开决策窗口

如果想重新打开尚未完成的决策窗口,则点击主界面上的总经理角色。

3.3.3 任务操作

电子对抗平台每季度经营都有若干个被分解的任务，这些任务涉及行业信息研究、产品研发、设计、生产制造、市场销售等各个环节，以下是对每个分解任务的操作说明。

1. 行业动态信息研究

行业动态信息提供了未来若干个经营周期内的市场信息，包括市场规模容量、产品需求趋势、产品价格信息等内容，界面如图3.3.10（以第一季度为例）所示。需要注意的是，行业动态信息是一种公开信息，每个参与竞争的企业都可以获得，所以在仔细分析行业动态信息的同时，还必须考虑竞争对手将会做出的决策选择，最终来确定自身企业在未来若干时期内的经营战略与营销策略。

各小组可以在初步研究后将重要信息记下，直接完成该任务。完成任务后还可以通过重新打开决策窗口查看。

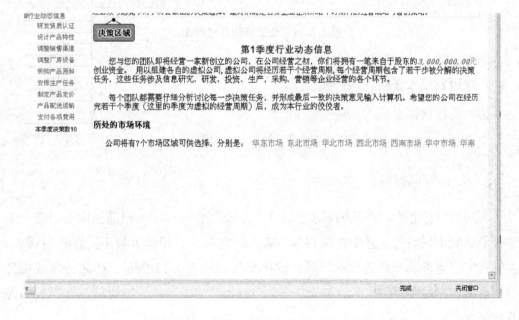

行业动态信息查看操作演示

图3.3.10　行业动态信息界面（第一季度）

2. 研发资质认证

使公司的产品保持市场份额的主要方法之一，便是与竞争对手在产品设计和开发上保持同步，或者超前于对手。这一任务是通过对新产品的研究与开发实行定期投资来实现的，界面如图3.3.11所示：

研究资质认证操作演示

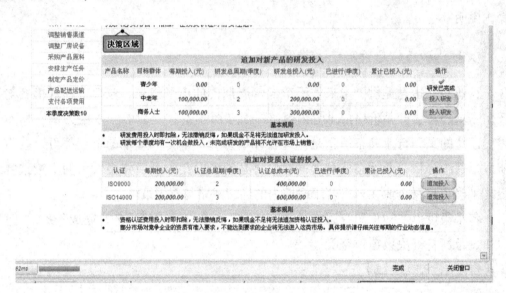

图3.3.11 研发资质认证界面

追加研发投入直接点 投入研发 。

追加资格认证直接点 追加投入 。

完成决策后点击窗口右下方的 完成 完成任务。

3. 设计产品特性

不同的目标客户对产品的需求会有不同。我们将任何一个产品推向市场前，必须仔细研究市场动态信息中提供的客户需求研究报告，仔细了解不同客户的需求，并针对客户需求设计最适合的产品，设计界面如图3.3.12所示。产品特性越切合目标群体客户的需要，产品就越受欢迎，对获得更多的市场份额也就越有积极的提升作用。

在完成决策后点击窗口右下方的 完成 完成任务。

图 3.3.12　设计产品特性界面

4. 调整销售渠道

我们面临的是多种不同的市场区域，有些市场区域刚开始还不能进入，需要投入一定费用进行前期市场开发，开发完成后才能进入该市场区域，市场开发界面如图 3.3.13 所示。在每个市场区域，如果要销售相应的产品，需要首先设立相应产品的销售网点，每个销售网点的销售能力有一定限制，具体需要在哪些市场区域针对哪些目标群体设立相应的销售网点，要根据公司的发展战略与产品发展计划来决定。

完成决策后点击窗口右下方的 [完成] 完成任务。

图 3.3.13　调整销售渠道界面

5. 调整厂房设备

生产部门的任务是按照市场要求的质量标准，尽可能高效率、低成本地生产产品。生产部门要与市场营销部门密切配合，从短期和长期来综合考虑，合理规划产能，以满足市场营销的需要。调整厂房设备界面如图 3.3.14 所示。

调整厂房设备操作演示

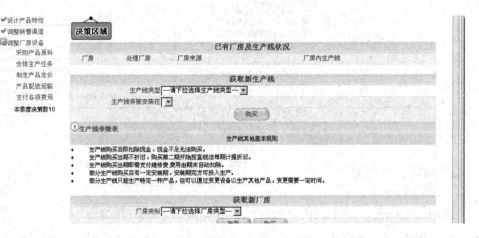

图 3.3.14　调整厂房设备界面

厂房可以购买也可以租用，生产线只能购买。按照技术含量的不同，生产线有多种类型可供选择，不同类型的生产线所能生产的产品、价格、产能等均有所差异。您必须综合考虑公司的市场、财务各方面的情况来决定何时购买、购买多少生产线等问题，以满足未来若干时期内用户订单的生产需要。

完成决策后点击窗口右下方的 完成 完成任务。

6. 采购产品原料

为了满足生产的需要，公司需要购买用于生产这些产品的原材料，每季度均有一次购买原材料的机会。原料一旦采购即马上入库，无须立即付款，有一季度的应付账期。采购产品原料界面如图 3.3.15 所示。

完成决策后点击窗口右下方的 完成 完成任务。

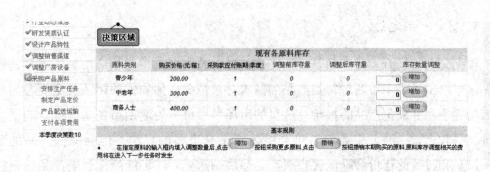

采购产品
原料操作
演示

图 3.3.15 采购产品原料界面

7. 安排生产任务

由于生产线有多种类型，不同类型的生产线可生产的产品也不同，所以你要根据原材料的情况，选择相应的原材料投入到生产线上进行生产。安排生产任务界面如图 3.3.16 所示，具体内容将根据企业模拟经营情况不同而有所区别。

完成决策后点击窗口右下方的 完成 完成任务。

安排生产
任务操作
演示

图 3.3.16 安排生产任务界面

8. 制定产品定价

根据公司市场开发和产品开发的完成情况，公司可以参与相应市场的推广与销售。这里给出了每个市场对每类产品的需求总量情况，你和你的团队决定要参与哪些市场竞争，并决定产品的报价。这里的市场参考售价为前期市场调研统计的平均售价。一般来说，略低市场参考价会给公司带来更多的订单，但会降低产品的毛利。过高和过低的售价会降低客户对产品品质的认可，并可能严重影响产品的销售情况。合理的报价策略应该是基于自身的成本及对竞争对手的综合考虑等多方面因素而定的。最终市场拿到的份额主要根据参与这一产品市场竞争的各家公司的产品报价、特性设计、广告费用、渠道网点等方面来综合决定。另外，如果公司在某一市场区域的某一产品销售网点数量不足，就会影响最终的市场份额及订单数量。若企业没有开发某一市场或开发没有完成，该市场将不能定价。制定产品定价界面如图 3.3.17 所示：

制定产品定价操作演示

图 3.3.17 制定产品定价界面

在完成决策后，务必先点击窗口右下方的 递交定价 按钮，再点击 。

9. 产品配送运输

根据库存情况决定对哪些市场订单交货。如果库存产品数量不足，则只能按最大的库存数量进行交货。未交货的产品部分将取消相应的订单合同，并给予一定的违约罚金。产品配送运输界面如图 3.3.18 所示：

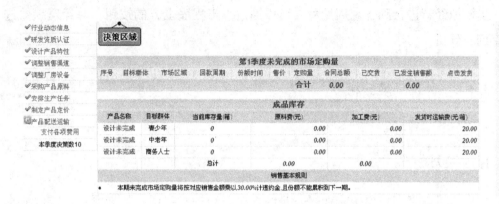

图 3.3.18　产品配送运输界面

在完成决策后点击窗口右下方的 完成 完成任务。

10. 支付各项管理费用

为了维持公司的正常运营，每季度均需要支付各项管理费用。这些费用主要包括产品设计费、行政管理费、销售网点维护费、生产线维修费、厂房租金、厂房折旧费、生产线折旧费等费用。支付各项费用界面如图 3.3.19 所示：

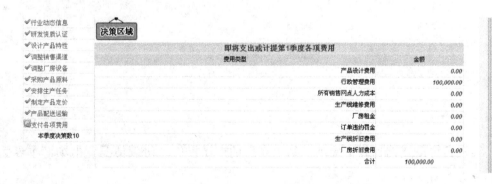

图 3.3.19　支付各项费用界面

在完成决策后点击窗口右下方的 完成 完成任务。

3.4 分析企业经营

当模拟经营进行到一定周期后,可以通过点击程序上方的按钮,对经营绩效进行查询、分析。

3.4.1 外部环境分析

知识拓展
3.7

1. 决策历史

该栏目可以查询该模拟企业每一步经营决策和每一次现金数据变化,类似流水账。决策历史界面如图3.4.1所示:

图 3.4.1 决策历史界面

2. 市场订单

该栏目可以查询到每个周期、每个小组的市场报价与份额情况。市场订单界面如图3.4.2所示:

图 3.4.2 市场订单界面

3. 经营绩效

该栏目提供了某一时间内企业的经营情况，包括符合财务标准的现金流量表、损益表、资产负债表、财务表现、市场表现及综合表现。经营绩效界面如图 3.4.3 所示：

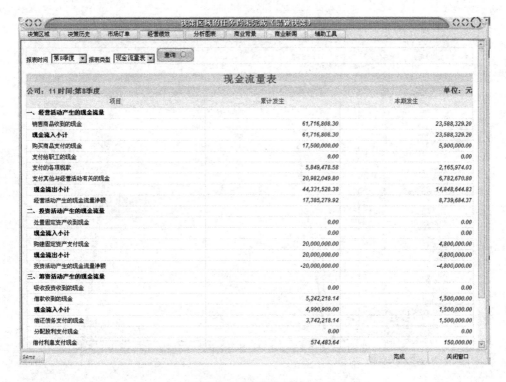

图 3.4.3 经营绩效界面

4. 分析图表

该栏目提供了企业经营各个角度的指标趋势分析。分析图表界面如图 3.4.4 所示：

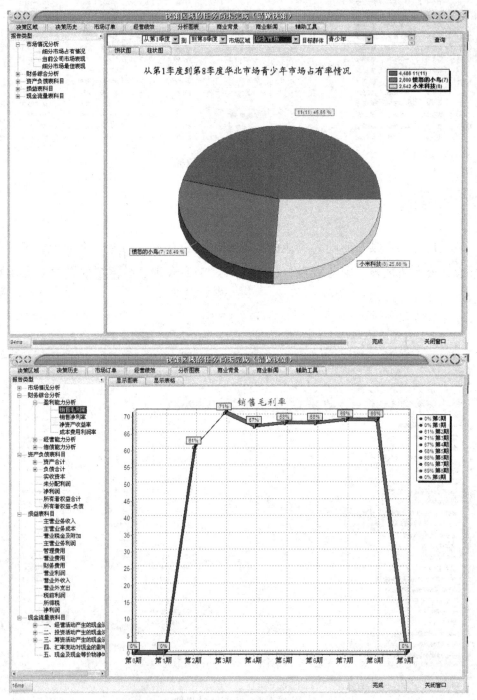

图 3.4.4　分析图表界面

5. 商业背景

该栏目会提供相关的行业规则及基本环境数据。

6. 商业新闻

该栏目可以查询到以往行业动态信息。

7. 辅助工具

对于部分模型,该栏目会提供一些辅助工具,如损益表、资产负债表,以帮助大家练习之用。

3.4.2　内部能力分析

在进入学生端后,将打开学生端主界面,如图3.4.5所示:

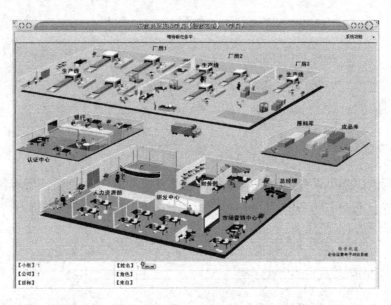

图 3.4.5　学生端主界面

1. 财务部

财务部可以查询到的信息包括:现金余量,其他更多的基本财务科目情况,应收、应付账款情况,相关的基本商业规则。财务部管理中心界面如图3.4.6所示:

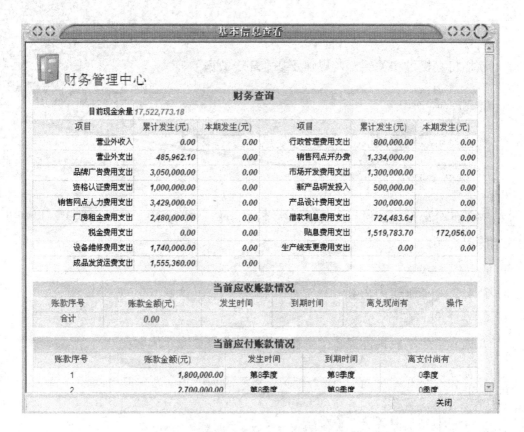

图 3.4.6 财务管理中心界面

2. 市场营销中心

市场营销中心可以查询到的信息包括当前获取到的市场份额、当前各地销售网点设立情况、累计广告投入及相关的基本商业规则等。市场营销中心界面如图 3.4.7 所示。

3. 研发中心

研发中心可以查询到的信息包括当前小组新产品研发进度及投入情况、相关的基本商业规则。研发中心界面如图 3.4.8 所示:

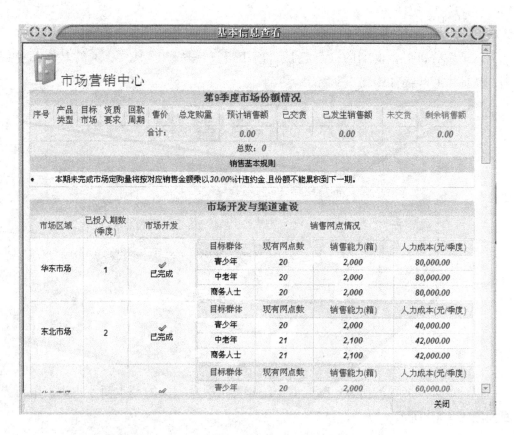

图 3.4.7　市场营销中心界面

知识拓展
3.9

图 3.4.8　研发中心界面

4. 认证中心

认证中心可以查询到的信息包括当前小组资格认证情况及相关的基本商业规则。认证中心界面如图3.4.9所示：

图3.4.9　认证中心界面

5. 银行

银行可以查询到的信息包括当前小组贷款情况及相关的基本商业规则。银行界面如图3.4.10所示：

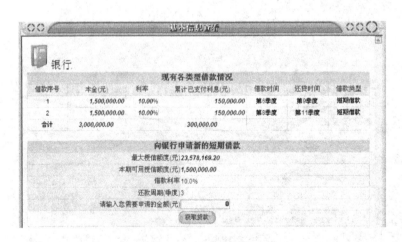

图3.4.10　银行界面

6. 生产线

生产线可以查询到的信息包括当前小组生产线购置情况及相关的基本商业规

则。生产线界面如图 3.4.11 所示：

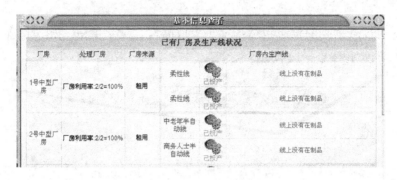

图 3.4.11　生产线界面

7. 厂房

厂房可以查询到的信息包括当前小组厂房购置情况及相关的基本商业规则。厂房界面如图 3.4.12 所示：

图 3.4.12　厂房界面

8. 原料库

原料库可以查询到的信息包括当前小组原材料库存量及价值、相关的基本商业规则。原料库界面如图 3.4.13 所示：

图 3.4.13　原料库界面

9. 成品库

成品库可以查询到的信息包括当前小组成品库存量及价值、相关的基本商业规则。成品库界面如图 3.4.14 所示：

图 3.4.14　成品库界面

本章回顾

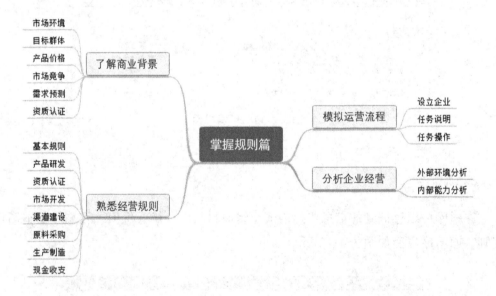

第四部分 实战操作篇

4.1 企业第一季度的运营管理
4.2 企业第二季度的运营管理
4.3 企业第三季度的运营管理
4.4 企业第四季度的运营管理
4.5 企业第五季度的运营管理
4.6 企业第六季度的运营管理
4.7 企业第七季度的运营管理
4.8 企业第八季度的运营管理

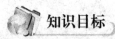 **知识目标**

1. 了解企业竞争战略；
2. 学会编制报表；
3. 掌握企业经营分析方法。

 技能目标

能够根据企业自身能力和竞争状况，制定、实施战略，运营8个季度。

本章导读

企业运营是一项综合性很强的复杂工作，需要有全局眼光、战略思维、竞争意识。在这一篇中，我们将结合各种报表，了解企业运营的一系列步骤、方法，学会在竞争中发展。

4.1 企业第一季度的运营管理

你的小组已组建了一家手机制造企业，在模拟运营竞赛中，管理者们应在仔细分析商业背景和相关新闻的基础上为自己的企业制定一个经营战略。我们知道，所有的企业在一开始都具有相同的历史，拥有相同的资源，并自始至终都追求同一目标。每个企业在模拟竞赛之初就应该根据自己的长期目标和短期目标制定相应的经营战略，以便合理配置有限的资源，为自己创造竞争优势。

主要制定的战略包括：生产规模的确定（生产线数量与生产线性能的确定），营销战略，财务战略，几个产品发展的权衡，各产品在不同市场区域上发展的权衡，等等。

你企业的总战略：
_____
_____

你企业的战略分解：
财务战略：_____
营销战略：_____
生产战略：_____
研发战略：_____

所有小组都将经历为期八个季度的模拟经营。每季度的经营都有若干企业经营决策任务。这些任务涉及信息研究、产品研发、产品设计、渠道开发、市场营销、生产制造、配送交货等各个环节。各企业需要对每项任务进行分析、讨论，最终形成企业的经营决策，并输入到电脑模拟系统中。

现在我们正式开始经营。下面就是模拟企业本季度要完成的具体任务（如表4.1.1所示），请按提示的顺序执行各项任务。总经理在每完成一项任务后，在记录"完成情况"一栏中画"√"。

表 4.1.1　经营过程记录表

序号	任务	完成情况	具体活动情况
1	制订本季度战略计划		
2	贷款和贴现		
3	缴纳所得税		
4	行业动态信息		
5	研发资质认证		
6	设计产品特征		
7	调整销售渠道		
8	调整厂房设备		
9	采购产品原料		
10	安排生产任务		
11	制定产品价格和广告		
12	产品配送和运输		
13	支付各项费用/元		(1) 产品设计费用： (2) 行政管理费用： (3) 所有销售网点人力资本： (4) 生产线维修费用： (5) 厂房租金： (6) 订单违约罚金： (7) 生产线折旧费用： (8) 厂房折旧费用： (9) 其他： 合计：
14	贴现		
15	还贷（息）		
16	支付到期应付账款		
17	经营绩效分析		

在经营完成后，根据本期模拟经营的结果，请记录填写企业报表与各情况统计表，如表 4.1.2、表 4.1.3、表 4.1.4、表 4.1.5、表 4.1.6、表 4.1.7 和表 4.1.8 所示：

表 4.1.2　资产负债表

资　产	期初数	期末数	负债及所有者权益	期初数	期末数
流动资产：			**流动负债：**		
现金			短期借款		
应收账款			应付税金		
半成品			应付账款		
成品			**流动负债合计**		
原料			**长期负债：**		
流动资产合计			长期借款		
固定资产：			**长期负债合计**		
固定资产原值			**负债合计**		
减：累计折旧			**所有者权益：**		
固定资产净值			实收资本		
无形资产及其他资产：			未分配利润		
无形资产			其中：本期利润		
无形资产合计			**所有者权益合计**		
资产总计			**负债及所有者权益合计**		

表 4.1.3　损益表

序号	项　目	累计发生	本期发生
1	**一、主营业务收入**		
2	减：主营业务成本		
3	其中：原材料		
4	加工费		
5	减：营业税金及附加		

知识拓展 4.1

续表

序号	项　　目	累计发生	本期发生
6	**二、主营业务利润**		
7	减：营业费用		
8	其中：市场推广费（广告）		
9	渠道开发费（市场开发）		
10	渠道维护费（网点设置＋人力成本）		
11	产品运输费		
12	减：管理费用		
13	其中：行政管理费用		
14	生产线维修费用		
15	生产线折旧费用		
16	生产线变更		
17	厂房折旧		
18	厂房租金		
19	产品设计费用		
20	产品研发		
21	资质认证		
22	减：财务费用		
23	其中：银行贷款利息费		
24	紧急贷款利息费		
25	贴息费		
26	**三、营业利润**		
27	加：营业外收入		
28	减：营业外支出		

续表

序号	项　目	累计发生	本期发生
29	其中：渠道撤销费用		
30	订单违约费用		
31	四、税前利润		
32	减：所得税		
33	五、净利润		

表 4.1.4　现金流量表

项　目	金额/元
一、经营活动产生的现金流量	
销售商品收到的现金	
现金流入小计	
购买商品支付的现金	
支付给职工的现金	
支付的各项税款	
支付其他与经营活动有关的现金	
现金流出小计	
经营活动产生的现金流量净额	
二、投资活动产生的现金流量	
处置固定资产收到的现金	
现金流入小计	
购建固定资产支付的现金	
现金流出小计	
投资活动产生的现金流量净额	

知识拓展 4.2

续表

项　目	金额/元
三、筹资活动产生的现金流量	
吸收投资收到的现金	
借款收到的现金	
现金流入小计	
偿还债务支付的现金	
分配股利支付的现金	
偿付利息支付的现金	
现金流出小计	
筹资活动产生的现金流量净额	
四、汇率变动对现金的影响额	
五、现金及现金等价物净增加额	

知识拓展 4.3

表 4.1.5　市场销售情况统计表

区域	青少年		中老年		商务人士		合　计	
	销量/箱	份额/%	销量/箱	份额/%	销量/箱	份额/%	销量/箱	份额/%
华东市场								
华南市场								
华北市场								
华中市场								
东北市场								

续表

区域	青少年		中老年		商务人士		合计	
	销量/箱	份额/%	销量/箱	份额/%	销量/箱	份额/%	销量/箱	份额/%
西南市场								
西北市场								
合计								

表 4.1.6　竞争对手分析表

区域	青少年	中老年	商务人士	合计
华东市场				
华南市场				
华北市场				
华中市场				
东北市场				
西南市场				
西北市场				
合计				

知识拓展 4.4

表 4.1.7　主要竞争对手市场表

竞争对手	青少年		中老年		商务人士		合　计	
	销量/箱	份额/%	销量/箱	份额/%	销量/箱	份额/%	销量/箱	份额/%

表 4.1.8　主要竞争对手产能

竞争对手	青少年		中老年		商务人士		合　计	
	生产线	数量	生产线	数量	生产线	数量	生产线	数量
合计								

本季度已经结束，一起看看你的企业的经营成果吧！

类　别	得　分	排　名
财务表现		
市场表现		
投资表现		
成长表现		
综合表现		

说出你的企业本季度经营管理中出现的问题，并提出改进的措施。

综合：　　　　（问题）_____
　　　　　　　（措施）_____

财务管理方面：（问题）_____
　　　　　　　（措施）_____

市场营销方面：（问题）_____
　　　　　　　（措施）_____

产品研发方面：（问题）_____
　　　　　　　（措施）_____

生产制造方面：（问题）_____
　　　　　　　（措施）_____

4.2　企业第二季度的运营管理

中国近代商帮

　　所有小组都经历了第一季度的模拟经营后，各企业经营的情况发生了改变。记录分析一些主要的经营数据，作为本季度经营战略战术制定与调整的重要依据。

　　你的企业在本季度期初的经营情况如何呢？

销售收入预测：_____万元　　实际收入：_____万元　　排名：_____

本期盈利预测：_____万元　　实际盈利：_____万元　　排名：_____

财务净资产：_____万元　　排名：_____

累计市场份额：_____%　　排名：_____

累计综合评价：_____　　排名：_____

第二季度的经营即将开始，企业需要对每项任务进行分析、讨论，最终形成企业的经营决策，并输入到电脑模拟系统中。下面就是模拟企业本季度要完成的具体任务（如表4.2.1所示），请按提示的顺序执行各项任务。总经理在完成的每一项中画"√"。

表4.2.1 经营过程记录表

序号	任务	完成情况	具体活动情况
1	制订本季度战略计划		
2	贷款和贴现		
3	缴纳所得税		
4	行业动态信息		
5	研发资质认证		
6	设计产品特征		
7	调整销售渠道		
8	调整厂房设备		
9	采购产品原料		
10	安排生产任务		
11	制定产品价格和广告		
12	产品配送和运输		
13	支付各项费用/元		(1) 产品设计费用： (2) 行政管理费用： (3) 所有销售网点人力资本： (4) 生产线维修费用： (5) 厂房租金： (6) 订单违约罚金： (7) 生产线折旧费用： (8) 厂房折旧费用： (9) 其他： 合计：
14	贴现		

续表

序号	任务	完成情况	具体活动情况
15	还贷（息）		
16	支付到期应付账款		
17	经营绩效分析		

在经营完成后，根据本期模拟经营的结果，请记录填写企业报表与各情况统计表，如表4.2.2、表4.2.3、表4.2.4、表4.2.5、表4.2.6、表4.2.7和表4.2.8所示：

表4.2.2 资产负债表

资产	期初数	期末数	负债及所有者权益	期初数	期末数
流动资产：			**流动负债：**		
现金			短期借款		
应收账款			应付税金		
半成品			应付账款		
成品			**流动负债合计**		
原料			**长期负债：**		
流动资产合计			长期借款		
固定资产：			**长期负债合计**		
固定资产原值			**负债合计**		
减：累计折旧			**所有者权益：**		
固定资产净值			实收资本		
无形资产及其他资产：			未分配利润		
无形资产			其中：本期利润		
无形资产合计			**所有者权益合计**		
资产总计			**负债及所有者权益合计**		

表 4.2.3 损益表

序号	项　目	累计发生	本期发生
1	**一、主营业务收入**		
2	减：主营业务成本		
3	其中：原材料		
4	加工费		
5	减：营业税金及附加		
6	**二、主营业务利润**		
7	减：营业费用		
8	其中：市场推广费（广告）		
9	渠道开发费（市场开发）		
10	渠道维护费（网点设置+人力成本）		
11	产品运输费		
12	减：管理费用		
13	其中：行政管理费用		
14	生产线维修费用		
15	生产线折旧费用		
16	生产线变更		
17	厂房折旧		
18	厂房租金		
19	产品设计费用		
20	产品研发		
21	资质认证		
22	减：财务费用		
23	其中：银行贷款利息费		

续表

序号	项　目	累计发生	本期发生
24	紧急贷款利息费		
25	贴息费		
26	三、营业利润		
27	加：营业外收入		
28	减：营业外支出		
29	其中：渠道撤销费用		
30	订单违约费用		
31	四、税前利润		
32	减：所得税		
33	五、净利润		

表 4.2.4　现金流量表

项　目	金额/元
一、经营活动产生的现金流量	
销售商品收到的现金	
现金流入小计	
购买商品支付的现金	
支付给职工的现金	
支付的各项税款	
支付其他与经营活动有关的现金	
现金流出小计	
经营活动产生的现金流量净额	

续表

项 目	金额/元
二、投资活动产生的现金流量	
处置固定资产收到的现金	
现金流入小计	
购建固定资产支付的现金	
现金流出小计	
投资活动产生的现金流量净额	
三、筹资活动产生的现金流量	
吸收投资收到的现金	
借款收到的现金	
现金流入小计	
偿还债务支付的现金	
分配股利支付的现金	
偿付利息支付的现金	
现金流出小计	
筹资活动产生的现金流量净额	
四、汇率变动对现金的影响额	
五、现金及现金等价物净增加额	

表4.2.5　市场销售情况统计表

区域	青少年		中老年		商务人士		合计	
	销量/箱	份额/%	销量/箱	份额/%	销量/箱	份额/%	销量/箱	份额/%
华东市场								

续表

区域	青少年		中老年		商务人士		合计	
	销量/箱	份额/%	销量/箱	份额/%	销量/箱	份额/%	销量/箱	份额/%
华南市场								
华北市场								
华中市场								
东北市场								
西南市场								
西北市场								
合计								

表4.2.6 竞争对手分析表

区域	青少年		中老年		商务人士		合计	
华东市场								
华南市场								
华北市场								
华中市场								

续表

区域	青少年		中老年		商务人士		合 计	
东北市场								
西南市场								
西北市场								
合计								

表 4.2.7　主要竞争对手市场表

竞争对手	青少年		中老年		商务人士		合 计	
	销量/箱	份额/%	销量/箱	份额/%	销量/箱	份额/%	销量/箱	份额/%

表 4.2.8 主要竞争对手产能

竞争对手	青少年		中老年		商务人士		合　　计	
	生产线	数量	生产线	数量	生产线	数量	生产线	数量
合计								

本季度已经结束，一起看看你的企业的经营成果吧！

类　　别	上季度得分	上季度排名	本季累计得分	本季累计排名
财务表现				
市场表现				
投资表现				
成长表现				
综合表现				

说出你的企业本季度经营管理中出现的问题，并提出改进的措施。

综合：　　　　（问题）＿＿＿＿＿＿＿＿＿＿＿＿＿＿＿＿＿＿＿＿＿＿＿＿＿＿
　　　　　　　（措施）＿＿＿＿＿＿＿＿＿＿＿＿＿＿＿＿＿＿＿＿＿＿＿＿＿＿

财务管理方面：（问题）＿＿＿＿＿＿＿＿＿＿＿＿＿＿＿＿＿＿＿＿＿＿＿＿＿＿
　　　　　　　（措施）＿＿＿＿＿＿＿＿＿＿＿＿＿＿＿＿＿＿＿＿＿＿＿＿＿＿

市场营销方面：（问题）＿＿＿＿＿＿＿＿＿＿＿＿＿＿＿＿＿＿＿＿＿＿＿＿＿＿
　　　　　　　（措施）＿＿＿＿＿＿＿＿＿＿＿＿＿＿＿＿＿＿＿＿＿＿＿＿＿＿

产品研发方面：（问题）＿＿＿＿＿＿＿＿＿＿＿＿＿＿＿＿＿＿＿＿＿＿＿＿＿＿
　　　　　　　（措施）＿＿＿＿＿＿＿＿＿＿＿＿＿＿＿＿＿＿＿＿＿＿＿＿＿＿

生产制造方面：（问题）_____
　　　　　　　（措施）_____

4.3 企业第三季度的运营管理

上汽通用五菱：人民需要什么，五菱就造什么

在宏观经济环境分析、产品需求分析、各营销因素对订单量的影响分析、客户消费偏好与研发投入对产品设计的影响这几个方面与第二季度决策相同。

企业内部资源分析：分析现有的生产线数量、现金流量、借贷能力等，为相关决策提供依据。

竞争对手分析：分析竞争对手的投资策略，以推断竞争对手的竞争战略；分析竞争对手在各产品领域的竞争表现以及各区域市场的竞争表现等。

你的企业需要对每项任务进行分析、讨论，最终形成企业的经营决策，并输入到电脑模拟系统中。下面就是模拟企业本季度要完成的具体任务（如表 4.3.1 所示），请按提示的顺序执行各项任务。总经理在完成的每一项中画"√"。

表 4.3.1　经营过程记录表

序号	任　务	完成情况	具体活动情况
1	制订本季度战略计划		
2	贷款和贴现		
3	缴纳所得税		
4	行业动态信息		
5	研发资质认证		
6	设计产品特征		
7	调整销售渠道		
8	调整厂房设备		
9	采购产品原料		
10	安排生产任务		

续表

序号	任务	完成情况	具体活动情况
11	制定产品价格和广告		
12	产品配送和运输		
13	支付各项费用/元		(1) 产品设计费用： (2) 行政管理费用： (3) 所有销售网点人力资本： (4) 生产线维修费用： (5) 厂房租金： (6) 订单违约罚金： (7) 生产线折旧费用： (8) 厂房折旧费用： (9) 其他： 合计：
14	贴现		
15	还贷（息）		
16	支付到期应付账款		
17	经营绩效分析		

在经营完成后，根据本期模拟经营的结果，请记录填写企业报表与各情况统计表，如表4.3.2、表4.3.3、表4.3.4、表4.3.5、表4.3.6、表4.3.7和表4.3.8所示：

表 4.3.2 资产负债表

资产	期初数	期末数	负债及所有者权益	期初数	期末数
流动资产：			**流动负债：**		
现金			短期借款		
应收账款			应付税金		
半成品			应付账款		
成品			**流动负债合计**		

续表

资　产	期初数	期末数	负债及所有者权益	期初数	期末数
原料			**长期负债：**		
流动资产合计			长期借款		
固定资产：			**长期负债合计**		
固定资产原值			**负债合计**		
减：累计折旧			**所有者权益：**		
固定资产净值			实收资本		
无形资产及其他资产：			未分配利润		
无形资产			其中：本期利润		
无形资产合计			**所有者权益合计**		
资产总计			**负债及所有者权益合计**		

表 4.3.3　损益表

序号	项　　目	累计发生	本期发生
1	**一、主营业务收入**		
2	减：主营业务成本		
3	其中：原材料		
4	加工费		
5	减：营业税金及附加		
6	**二、主营业务利润**		
7	减：营业费用		
8	其中：市场推广费（广告）		
9	渠道开发费（市场开发）		
10	渠道维护费（网点设置+人力成本）		

续表

序号	项　　目	累计发生	本期发生
11	产品运输费		
12	减：管理费用		
13	其中：行政管理费用		
14	生产线维修费用		
15	生产线折旧费用		
16	生产线变更		
17	厂房折旧		
18	厂房租金		
19	产品设计费用		
20	产品研发		
21	资质认证		
22	减：财务费用		
23	其中：银行贷款利息费		
24	紧急贷款利息费		
25	贴息费		
26	**三、营业利润**		
27	加：营业外收入		
28	减：营业外支出		
29	其中：渠道撤销费用		
30	订单违约费用		
31	**四、税前利润**		
32	减：所得税		
33	**五、净利润**		

表 4.3.4 现金流量表

项 目	金额/元
一、经营活动产生的现金流量	
销售商品收到的现金	
**　　现金流入小计**	
购买商品支付的现金	
支付给职工的现金	
支付的各项税款	
支付其他与经营活动有关的现金	
**　　现金流出小计**	
经营活动产生的现金流量净额	
二、投资活动产生的现金流量	
处置固定资产收到的现金	
**　　现金流入小计**	
购建固定资产支付的现金	
**　　现金流出小计**	
投资活动产生的现金流量净额	
三、筹资活动产生的现金流量	
吸收投资收到的现金	
借款收到的现金	
**　　现金流入小计**	
偿还债务支付的现金	
分配股利支付的现金	
偿付利息支付的现金	
**　　现金流出小计**	

续表

项 目	金额/元
筹资活动产生的现金流量净额	
四、汇率变动对现金的影响额	
五、现金及现金等价物净增加额	

表4.3.5 市场销售情况统计表

区域	青少年		中老年		商务人士		合 计	
	销量/箱	份额/%	销量/箱	份额/%	销量/箱	份额/%	销量/箱	份额/%
华东市场								
华南市场								
华北市场								
华中市场								
东北市场								
西南市场								
西北市场								
合计								

表 4.3.6　竞争对手分析表

区域	青少年		中老年		商务人士		合　计	
华东市场								
华南市场								
华北市场								
华中市场								
东北市场								
西南市场								
西北市场								
合计								

表 4.3.7　主要竞争对手市场表

竞争对手	青少年		中老年		商务人士		合　计	
	销量/箱	份额/%	销量/箱	份额/%	销量/箱	份额/%	销量/箱	份额/%

续表

竞争对手	青少年		中老年		商务人士		合　计	
	销量/箱	份额/%	销量/箱	份额/%	销量/箱	份额/%	销量/箱	份额/%

表 4.3.8　主要竞争对手产能

竞争对手	青少年		中老年		商务人士		合　计	
	生产线	数量	生产线	数量	生产线	数量	生产线	数量
合计								

本季度已经结束，一起看看你的企业的经营成果吧！

类　别	上季度得分	上季度排名	本季累计得分	本季累计排名
财务表现				
市场表现				
投资表现				
成长表现				
综合表现				

说出你的企业本季度经营管理中出现的问题,并提出改进的措施。

综合: (问题) _____
　　　(措施) _____

财务管理方面:(问题) _____
　　　　　　(措施) _____

市场营销方面:(问题) _____
　　　　　　(措施) _____

产品研发方面:(问题) _____
　　　　　　(措施) _____

生产制造方面:(问题) _____
　　　　　　(措施) _____

4.4　企业第四季度的运营管理

你的企业在本季度期初的经营情况如何呢?

销售收入预测:_____万元　实际收入:_____万元　排名:_____

本期盈利预测:_____万元　实际盈利:_____万元　排名:_____

财务净资产:_____万元　排名:_____

累计市场份额:_____%　排名:_____

累计综合评价:_____　排名:_____

第四季度即将开始,我们一起来经营吧。

下面就是模拟企业本季度要完成的具体任务(如表4.4.1示),请按提示的顺序执行各项任务。总经理在完成的每一项中画"√"。

表 4.4.1　经营过程记录表

序号	任　　务	完成情况	具体活动情况
1	制订本季度战略计划		
2	贷款和贴现		
3	缴纳所得税		

续表

序号	任务	完成情况	具体活动情况
4	行业动态信息		
5	研发资质认证		
6	设计产品特征		
7	调整销售渠道		
8	调整厂房设备		
9	采购产品原料		
10	安排生产任务		
11	制定产品价格和广告		
12	产品配送和运输		
13	支付各项费用/元		(1) 产品设计费用： (2) 行政管理费用： (3) 所有销售网点人力资本： (4) 生产线维修费用： (5) 厂房租金： (6) 订单违约罚金： (7) 生产线折旧费用： (8) 厂房折旧费用： (9) 其他： 合计：
14	贴现		
15	还贷（息）		
16	支付到期应付账款		
17	经营绩效分析		

在经营完成后，根据本期模拟经营的结果，请记录填写企业报表与各情况统计表，如表4.4.2、表4.4.3、表4.4.4、表4.4.5、表4.4.6、表4.4.7和表4.4.8所示：

表 4.4.2 资产负债表

资产	期初数	期末数	负债及所有者权益	期初数	期末数
流动资产：			**流动负债：**		
现金			短期借款		
应收账款			应付税金		
半成品			应付账款		
成品			**流动负债合计**		
原料			**长期负债：**		
流动资产合计			长期借款		
固定资产：			**长期负债合计**		
固定资产原值			**负债合计**		
减：累计折旧			**所有者权益：**		
固定资产净值			实收资本		
无形资产及其他资产：			未分配利润		
无形资产			其中：本期利润		
无形资产合计			**所有者权益合计**		
资产总计			**负债及所有者权益合计**		

表 4.4.3 损益表

序号	项目	累计发生	本期发生
1	**一、主营业务收入**		
2	减：主营业务成本		
3	其中：原材料		
4	加工费		
5	减：营业税金及附加		

续表

序号	项　目	累计发生	本期发生
6	二、主营业务利润		
7	减：营业费用		
8	其中：市场推广费（广告）		
9	渠道开发费（市场开发）		
10	渠道维护费（网点设置+人力成本）		
11	产品运输费		
12	减：管理费用		
13	其中：行政管理费用		
14	生产线维修费用		
15	生产线折旧费用		
16	生产线变更		
17	厂房折旧		
18	厂房租金		
19	产品设计费用		
20	产品研发		
21	资质认证		
22	减：财务费用		
23	其中：银行贷款利息费		
24	紧急贷款利息费		
25	贴息费		
26	三、营业利润		
27	加：营业外收入		
28	减：营业外支出		

续表

序号	项 目	累计发生	本期发生
29	其中：渠道撤销费用		
30	订单违约费用		
31	**四、税前利润**		
32	减：所得税		
33	**五、净利润**		

表 4.4.4　现金流量表

项 目	金额/元
一、经营活动产生的现金流量	
销售商品收到的现金	
现金流入小计	
购买商品支付的现金	
支付给职工的现金	
支付的各项税款	
支付其他与经营活动有关的现金	
现金流出小计	
经营活动产生的现金流量净额	
二、投资活动产生的现金流量	
处置固定资产收到的现金	
现金流入小计	
购建固定资产支付的现金	
现金流出小计	
投资活动产生的现金流量净额	

续表

项　　目	金额/元
三、筹资活动产生的现金流量	
吸收投资收到的现金	
借款收到的现金	
现金流入小计	
偿还债务支付的现金	
分配股利支付的现金	
偿付利息支付的现金	
现金流出小计	
筹资活动产生的现金流量净额	
四、汇率变动对现金的影响额	
五、现金及现金等价物净增加额	

表 4.4.5　市场销售情况统计表

区域	青少年		中老年		商务人士		合　计	
	销量/箱	份额/%	销量/箱	份额/%	销量/箱	份额/%	销量/箱	份额/%
华东市场								
华南市场								
华北市场								
华中市场								
东北市场								

续表

区域	青少年		中老年		商务人士		合计	
	销量/箱	份额/%	销量/箱	份额/%	销量/箱	份额/%	销量/箱	份额/%
西南市场								
西北市场								
合计								

表 4.4.6　竞争对手分析表

区域	青少年		中老年		商务人士		合计	
华东市场								
华南市场								
华北市场								
华中市场								
东北市场								
西南市场								
西北市场								
合计								

表 4.4.7　主要竞争对手市场表

竞争对手	青少年		中老年		商务人士		合　计	
	销量/箱	份额/%	销量/箱	份额/%	销量/箱	份额/%	销量/箱	份额/%

表 4.4.8　主要竞争对手产能

竞争对手	青少年		中老年		商务人士		合　计	
	生产线	数量	生产线	数量	生产线	数量	生产线	数量
合计								

本季度已经结束，一起看看你的企业的经营成果吧！

类　　别	上季度得分	上季度排名	本季累计得分	本季累计排名
财务表现				
市场表现				
投资表现				
成长表现				
综合表现				

说出你的企业本季经营管理中出现的问题，并提出改进的措施。

综合：　　　　（问题）_____
　　　　　　　（措施）_____
财务管理方面：（问题）_____
　　　　　　　（措施）_____
市场营销方面：（问题）_____
　　　　　　　（措施）_____
产品研发方面：（问题）_____
　　　　　　　（措施）_____
生产制造方面：（问题）_____
　　　　　　　（措施）_____

4.5　企业第五季度的运营管理

经过前四个季度的决策后，公司的战略往往已经进入较为稳定的实施阶段，而各种参数的调整也渐渐接近准确值。在这个阶段，管理者拿到各种报告后主要是根据报告提供的数据如市场份额、销售量等，对自己的相关参数进行调整，使其更接近实际需要值。在此基础上，管理者以提高企业价值为目标，按照公司所定战略的发展方向，做出第五个季度的决策。

下面就是模拟企业本季度要完成的具体任务（如表 4.5.1 所示），请按提示的顺序执行各项任务。总经理在完成的每一项中画"√"。

表 4.5.1 经营过程记录表

序号	任务	完成情况	具体活动情况
1	制订本季度战略计划		
2	贷款和贴现		
3	缴纳所得税		
4	行业动态信息		
5	研发资质认证		
6	设计产品特征		
7	调整销售渠道		
8	调整厂房设备		
9	采购产品原料		
10	安排生产任务		
11	制定产品价格和广告		
12	产品配送和运输		
13	支付各项费用/元		(1) 产品设计费用： (2) 行政管理费用： (3) 所有销售网点人力资本： (4) 生产线维修费用： (5) 厂房租金： (6) 订单违约罚金： (7) 生产线折旧费用： (8) 厂房折旧费用： (9) 其他： 合计：
14	贴现		
15	还贷（息）		
16	支付到期应付账款		
17	经营绩效分析		

在经营完成后，根据本期模拟经营的结果，请记录填写企业报表与各情况统计表，如表4.5.2、表4.5.3、表4.5.4、表4.5.5、表4.5.6、表4.5.7和表4.5.8所示：

表4.5.2 资产负债表

资产	期初数	期末数	负债及所有者权益	期初数	期末数
流动资产：			**流动负债：**		
现金			短期借款		
应收账款			应付税金		
半成品			应付账款		
成品			**流动负债合计**		
原料			**长期负债：**		
流动资产合计			长期借款		
固定资产：			**长期负债合计**		
固定资产原值			**负债合计**		
减：累计折旧			**所有者权益：**		
固定资产净值			实收资本		
无形资产及其他资产：			未分配利润		
无形资产			其中：本期利润		
无形资产合计			**所有者权益合计**		
资产总计			**负债及所有者权益合计**		

表4.5.3 损益表

序号	项目	累计发生	本期发生
1	**一、主营业务收入**		
2	减：主营业务成本		
3	其中：原材料		

续表

序号	项　目	累计发生	本期发生
4	加工费		
5	减：营业税金及附加		
6	**二、主营业务利润**		
7	减：营业费用		
8	其中：市场推广费（广告）		
9	渠道开发费（市场开发）		
10	渠道维护费（网点设置+人力成本）		
11	产品运输费		
12	减：管理费用		
13	其中：行政管理费用		
14	生产线维修费用		
15	生产线折旧费用		
16	生产线变更		
17	厂房折旧		
18	厂房租金		
19	产品设计费用		
20	产品研发		
21	资质认证		
22	减：财务费用		
23	其中：银行贷款利息费		
24	紧急贷款利息费		
25	贴息费		
26	**三、营业利润**		

续表

序号	项　　目	累计发生	本期发生
27	加：营业外收入		
28	减：营业外支出		
29	其中：渠道撤销费用		
30	订单违约费用		
31	**四、税前利润**		
32	减：所得税		
33	**五、净利润**		

表 4.5.4　现金流量表

项　　目	金额/元
一、经营活动产生的现金流量	
销售商品收到的现金	
**　现金流入小计**	
购买商品支付的现金	
支付给职工的现金	
支付的各项税款	
支付其他与经营活动有关的现金	
**　现金流出小计**	
经营活动产生的现金流量净额	
二、投资活动产生的现金流量	
处置固定资产收到的现金	
**　现金流入小计**	
购建固定资产支付的现金	
**　现金流出小计**	

续表

项　　目	金额/元
投资活动产生的现金流量净额	
三、筹资活动产生的现金流量	
吸收投资收到的现金	
借款收到的现金	
现金流入小计	
偿还债务支付的现金	
分配股利支付的现金	
偿付利息支付的现金	
现金流出小计	
筹资活动产生的现金流量净额	
四、汇率变动对现金的影响额	
五、现金及现金等价物净增加额	

表 4.5.5　市场销售情况统计表

区域	青少年		中老年		商务人士		合　　计	
	销量/箱	份额/%	销量/箱	份额/%	销量/箱	份额/%	销量/箱	份额/%
华东市场								
华南市场								
华北市场								
华中市场								

续表

区域	青少年		中老年		商务人士		合 计	
	销量/箱	份额/%	销量/箱	份额/%	销量/箱	份额/%	销量/箱	份额/%
东北市场								
西南市场								
西北市场								
合计								

表 4.5.6　竞争对手分析表

区域	青少年		中老年		商务人士		合 计	
华东市场								
华南市场								
华北市场								
华中市场								
东北市场								
西南市场								
西北市场								
合计								

表 4.5.7　主要竞争对手市场表

竞争对手	青少年		中老年		商务人士		合　计	
	销量/箱	份额/%	销量/箱	份额/%	销量/箱	份额/%	销量/箱	份额/%

表 4.5.8　主要竞争对手产能

竞争对手	青少年		中老年		商务人士		合　计	
	生产线	数量	生产线	数量	生产线	数量	生产线	数量
合计								

本季度已经结束，一起看看你的企业的经营成果吧！

类　　别	上季度得分	上季度排名	本季累计得分	本季累计排名
财务表现				
市场表现				
投资表现				
成长表现				
综合表现				

说出你的企业本季度经营管理中出现的问题，并提出改进的措施。

综合：　　　　　（问题）_____
　　　　　　　　（措施）_____
财务管理方面：（问题）_____
　　　　　　　　（措施）_____
市场营销方面：（问题）_____
　　　　　　　　（措施）_____
产品研发方面：（问题）_____
　　　　　　　　（措施）_____
生产制造方面：（问题）_____
　　　　　　　　（措施）_____

4.6　企业第六季度的运营管理

你的企业的期初情况如何呢？

销售收入预测：_____万元　实际收入：_____万元　排名：_____
本期盈利预测：_____万元　实际盈利：_____万元　排名：_____
财务净资产：_____万元　排名：_____
累计市场份额：_____%　排名：_____
累计综合评价：_____　排名：_____

第六季度马上开始，你的公司准备好了吗？

下面就是模拟企业本季度要完成的具体任务（如表4.6.1所示），请按提示的顺序执行各项任务。总经理在完成的每一项中画"√"。

表 4.6.1 经营过程记录表

序号	任 务	完成情况	具体活动情况
1	制订本季度战略计划		
2	贷款和贴现		
3	缴纳所得税		
4	行业动态信息		
5	研发资质认证		
6	设计产品特征		
7	调整销售渠道		
8	调整厂房设备		
9	采购产品原料		
10	安排生产任务		
11	制定产品价格和广告		
12	产品配送和运输		
13	支付各项费用/元		(1) 产品设计费用： (2) 行政管理费用： (3) 所有销售网点人力资本： (4) 生产线维修费用： (5) 厂房租金： (6) 订单违约罚金： (7) 生产线折旧费用： (8) 厂房折旧费用： (9) 其他： 合计：
14	贴现		
15	还贷（息）		
16	支付到期应付账款		
17	经营绩效分析		

在经营完成后，根据本期模拟经营的结果，请记录填写企业报表与各情况统计表，如表4.6.2、表4.6.3、表4.6.4、表4.6.5、表4.6.6、表4.6.7和表4.6.8所示：

表4.6.2 资产负债表

资产	期初数	期末数	负债及所有者权益	期初数	期末数
流动资产：			**流动负债：**		
现金			短期借款		
应收账款			应付税金		
半成品			应付账款		
成品			**流动负债合计**		
原料			**长期负债：**		
流动资产合计			长期借款		
固定资产：			**长期负债合计**		
固定资产原值			**负债合计**		
减：累计折旧			**所有者权益：**		
固定资产净值			实收资本		
无形资产及其他资产：			未分配利润		
无形资产			其中：本期利润		
无形资产合计			**所有者权益合计**		
资产总计			**负债及所有者权益合计**		

表4.6.3 损益表

序号	项目	累计发生	本期发生
1	一、主营业务收入		
2	减：主营业务成本		
3	其中：原材料		

续表

序号	项　　目	累计发生	本期发生
4	加工费		
5	减：营业税金及附加		
6	二、主营业务利润		
7	减：营业费用		
8	其中：市场推广费（广告）		
9	渠道开发费（市场开发）		
10	渠道维护费（网点设置＋人力成本）		
11	产品运输费		
12	减：管理费用		
13	其中：行政管理费用		
14	生产线维修费用		
15	生产线折旧费用		
16	生产线变更		
17	厂房折旧		
18	厂房租金		
19	产品设计费用		
20	产品研发		
21	资质认证		
22	减：财务费用		
23	其中：银行贷款利息费		
24	紧急贷款利息费		
25	贴息费		
26	三、营业利润		

续表

序号	项 目	累计发生	本期发生
27	加：营业外收入		
28	减：营业外支出		
29	其中：渠道撤销费用		
30	订单违约费用		
31	**四、税前利润**		
32	减：所得税		
33	**五、净利润**		

表 4.6.4 现金流量表

项 目	金额/元
一、经营活动产生的现金流量	
销售商品收到的现金	
现金流入小计	
购买商品支付的现金	
支付给职工的现金	
支付的各项税款	
支付其他与经营活动有关的现金	
现金流出小计	
经营活动产生的现金流量净额	
二、投资活动产生的现金流量	
处置固定资产收到的现金	
现金流入小计	
购建固定资产支付的现金	

续表

项 目	金额/元
现金流出小计	
投资活动产生的现金流量净额	
三、筹资活动产生的现金流量	
吸收投资收到的现金	
借款收到的现金	
现金流入小计	
偿还债务支付的现金	
分配股利支付的现金	
偿付利息支付的现金	
现金流出小计	
筹资活动产生的现金流量净额	
四、汇率变动对现金的影响额	
五、现金及现金等价物净增加额	

表 4.6.5 市场销售情况统计表

区域	青少年		中老年		商务人士		合 计	
	销量/箱	份额/%	销量/箱	份额/%	销量/箱	份额/%	销量/箱	份额/%
华东市场								
华南市场								
华北市场								
华中市场								

续表

区域	青少年		中老年		商务人士		合计	
	销量/箱	份额/%	销量/箱	份额/%	销量/箱	份额/%	销量/箱	份额/%
东北市场								
西南市场								
西北市场								
合计								

表4.6.6 竞争对手分析表

区域	青少年	中老年	商务人士	合计
华东市场				
华南市场				
华北市场				
华中市场				
东北市场				
西南市场				
西北市场				
合计				

表 4.6.7　主要竞争对手市场表

竞争对手	青少年		中老年		商务人士		合　计	
	销量/箱	份额/%	销量/箱	份额/%	销量/箱	份额/%	销量/箱	份额/%

表 4.6.8　主要竞争对手产能

竞争对手	青少年		中老年		商务人士		合　计	
	生产线	数量	生产线	数量	生产线	数量	生产线	数量
合计								

本季度已经结束，一起看看您企业的经营成果吧！

类别	上季度得分	上季度排名	本季累计得分	本季累计排名
财务表现				
市场表现				
投资表现				
成长表现				
综合表现				

说出你的企业本季度经营管理中出现的问题，并提出改进的措施。

综合：　　　　（问题）_____
　　　　　　　（措施）_____

财务管理方面：（问题）_____
　　　　　　　（措施）_____

市场营销方面：（问题）_____
　　　　　　　（措施）_____

产品研发方面：（问题）_____
　　　　　　　（措施）_____

生产制造方面：（问题）_____
　　　　　　　（措施）_____

4.7　企业第七季度的运营管理

这些年国潮
一次又一次
给我们惊喜

你的企业在本季度期初的经营情况如何呢？

销售收入预测：_____万元　实际收入：_____万元　排名：_____

本期盈利预测：_____万元　实际盈利：_____万元　排名：_____

财务净资产：_____万元　排名：_____

累计市场份额：_____%　排名：_____

累计综合评价：_____　排名：_____

第七季度即将开始，请你的企业完成下面的具体任务（如表4.7.1所示），请按提示的顺序执行各项任务。总经理在完成的每一项中画"√"。

表 4.7.1　经营过程记录表

序号	任　　务	完成情况	具体活动情况
1	制订本季度战略计划		
2	贷款和贴现		
3	缴纳所得税		
4	行业动态信息		
5	研发资质认证		
6	设计产品特征		
7	调整销售渠道		
8	调整厂房设备		
9	采购产品原料		
10	安排生产任务		
11	制定产品价格和广告		
12	产品配送和运输		
13	支付各项费用/元		(1) 产品设计费用： (2) 行政管理费用： (3) 所有销售网点人力资本： (4) 生产线维修费用： (5) 厂房租金： (6) 订单违约罚金： (7) 生产线折旧费用： (8) 厂房折旧费用： (9) 其他： 合计：
14	贴现		
15	还贷（息）		
16	支付到期应付账款		
17	经营绩效分析		

经营完成后,根据本期模拟经营的结果,请记录填写企业报表与各情况统计表,如表4.7.2、表4.7.3、表4.7.4、表4.7.5、表4.7.6、表4.7.7和表4.7.8所示:

表4.7.2 资产负债表

资产	期初数	期末数	负债及所有者权益	期初数	期末数
流动资产:			**流动负债:**		
现金			短期借款		
应收账款			应付税金		
半成品			应付账款		
成品			**　流动负债合计**		
原料			**长期负债:**		
流动资产合计			长期借款		
固定资产:			**长期负债合计**		
固定资产原值			**负债合计**		
减:累计折旧			**所有者权益:**		
固定资产净值			实收资本		
无形资产及其他资产:			未分配利润		
无形资产			其中:本期利润		
无形资产合计			**所有者权益合计**		
资产总计			**负债及所有者权益合计**		

表4.7.3 损益表

序号	项目	累计发生	本期发生
1	一、主营业务收入		
2	减:主营业务成本		
3	其中:原材料		

续表

序号	项 目	累计发生	本期发生
4	加工费		
5	减：营业税金及附加		
6	**二、主营业务利润**		
7	减：营业费用		
8	其中：市场推广费（广告）		
9	渠道开发费（市场开发）		
10	渠道维护费（网点设置＋人力成本）		
11	产品运输费		
12	减：管理费用		
13	其中：行政管理费用		
14	生产线维修费用		
15	生产线折旧费用		
16	生产线变更		
17	厂房折旧		
18	厂房租金		
19	产品设计费用		
20	产品研发		
21	资质认证		
22	减：财务费用		
23	其中：银行贷款利息费		
24	紧急贷款利息费		
25	贴息费		
26	**三、营业利润**		

续表

序号	项 目	累计发生	本期发生
27	加：营业外收入		
28	减：营业外支出		
29	其中：渠道撤销费用		
30	订单违约费用		
31	**四、税前利润**		
32	减：所得税		
33	**五、净利润**		

表 4.7.4 现金流量表

项 目	金额/元
一、经营活动产生的现金流量	
销售商品收到的现金	
现金流入小计	
购买商品支付的现金	
支付给职工的现金	
支付的各项税款	
支付其他与经营活动有关的现金	
现金流出小计	
经营活动产生的现金流量净额	
二、投资活动产生的现金流量	
处置固定资产收到的现金	
现金流入小计	
购建固定资产支付的现金	

续表

项 目	金额/元
现金流出小计	
投资活动产生的现金流量净额	
三、筹资活动产生的现金流量	
吸收投资收到的现金	
借款收到的现金	
现金流入小计	
偿还债务支付的现金	
分配股利支付的现金	
偿付利息支付的现金	
现金流出小计	
筹资活动产生的现金流量净额	
四、汇率变动对现金的影响额	
五、现金及现金等价物净增加额	

表 4.7.5 市场销售情况统计表

区域	青少年		中老年		商务人士		合 计	
	销量/箱	份额/%	销量/箱	份额/%	销量/箱	份额/%	销量/箱	份额/%
华东市场								
华南市场								
华北市场								
华中市场								

续表

区域	青少年		中老年		商务人士		合计	
	销量/箱	份额/%	销量/箱	份额/%	销量/箱	份额/%	销量/箱	份额/%
东北市场								
西南市场								
西北市场								
合计								

表 4.7.6　竞争对手分析表

区域	青少年		中老年		商务人士		合计	
华东市场								
华南市场								
华北市场								
华中市场								
东北市场								
西南市场								
西北市场								
合计								

表 4.7.7　主要竞争对手市场表

竞争对手	青少年		中老年		商务人士		合　计	
	销量/箱	份额/%	销量/箱	份额/%	销量/箱	份额/%	销量/箱	份额/%

表 4.7.8　主要竞争对手产能

竞争对手	青少年		中老年		商务人士		合　计	
	生产线	数量	生产线	数量	生产线	数量	生产线	数量
合计								

本季度已经结束，一起看看您企业的经营成果吧！

类　别	上季度得分	上季度排名	本季累计得分	本季累计排名
财务表现				
市场表现				
投资表现				
成长表现				
综合表现				

说出你的企业本季度经营管理中出现的问题，并提出改进的措施。

综合：　　　　（问题）＿＿＿＿＿＿＿＿＿＿＿＿＿＿＿＿＿＿＿＿＿＿＿＿＿
　　　　　　　（措施）＿＿＿＿＿＿＿＿＿＿＿＿＿＿＿＿＿＿＿＿＿＿＿＿＿
财务管理方面：（问题）＿＿＿＿＿＿＿＿＿＿＿＿＿＿＿＿＿＿＿＿＿＿＿＿＿
　　　　　　　（措施）＿＿＿＿＿＿＿＿＿＿＿＿＿＿＿＿＿＿＿＿＿＿＿＿＿
市场营销方面：（问题）＿＿＿＿＿＿＿＿＿＿＿＿＿＿＿＿＿＿＿＿＿＿＿＿＿
　　　　　　　（措施）＿＿＿＿＿＿＿＿＿＿＿＿＿＿＿＿＿＿＿＿＿＿＿＿＿
产品研发方面：（问题）＿＿＿＿＿＿＿＿＿＿＿＿＿＿＿＿＿＿＿＿＿＿＿＿＿
　　　　　　　（措施）＿＿＿＿＿＿＿＿＿＿＿＿＿＿＿＿＿＿＿＿＿＿＿＿＿
生产制造方面：（问题）＿＿＿＿＿＿＿＿＿＿＿＿＿＿＿＿＿＿＿＿＿＿＿＿＿
　　　　　　　（措施）＿＿＿＿＿＿＿＿＿＿＿＿＿＿＿＿＿＿＿＿＿＿＿＿＿

4.8　企业第八季度的运营管理

粤商经验之道

根据课前确定的获胜标准，本季度就将会有优胜企业产生。最终的经营结果是八个季度模拟经营战略制定、实施、控制、调整下的产物，而市场、生产、财务等各方面因素的协调发展是战略实现的执行保证。

本季度你的企业还需完成以下多项具体任务（如表 4.8.1 所示），请按提示的顺序执行各项任务。总经理在完成的每一项中画"√"。

表 4.8.1　经营过程记录表

序号	任务	完成情况	具体活动情况
1	制订本季度战略计划		
2	贷款和贴现		
3	缴纳所得税		
4	行业动态信息		
5	研发资质认证		
6	设计产品特征		
7	调整销售渠道		
8	调整厂房设备		
9	采购产品原料		
10	安排生产任务		
11	制定产品价格和广告		
12	产品配送和运输		
13	支付各项费用/元		(1) 产品设计费用： (2) 行政管理费用： (3) 所有销售网点人力资本： (4) 生产线维修费用： (5) 厂房租金： (6) 订单违约罚金： (7) 生产线折旧费用： (8) 厂房折旧费用： (9) 其他： 合计：
14	贴现		
15	还贷（息）		
16	支付到期应付账款		
17	经营绩效分析		

在经营完成后,根据本期模拟经营的结果,请记录填写企业报表与各情况统计表,如表4.8.2、表4.8.3、表4.8.4、表4.8.5、表4.8.6、表4.8.7和表4.8.8所示:

表4.8.2 资产负债表

资产	期初数	期末数	负债及所有者权益	期初数	期末数
流动资产:			**流动负债:**		
现金			短期借款		
应收账款			应付税金		
半成品			应付账款		
成品			**流动负债合计**		
原料			**长期负债:**		
流动资产合计			长期借款		
固定资产:			**长期负债合计**		
固定资产原值			**负债合计**		
减:累计折旧			**所有者权益:**		
固定资产净值			实收资本		
无形资产及其他资产:			未分配利润		
无形资产			其中:本期利润		
无形资产合计			**所有者权益合计**		
资产总计			**负债及所有者权益合计**		

表4.8.3 损益表

序号	项目	累计发生	本期发生
1	**一、主营业务收入**		
2	减:主营业务成本		
3	其中:原材料		
4	加工费		
5	减:营业税金及附加		
6	**二、主营业务利润**		

续表

序号	项　　目	累计发生	本期发生
7	减：营业费用		
8	其中：市场推广费（广告）		
9	渠道开发费（市场开发）		
10	渠道维护费（网点设置＋人力成本）		
11	产品运输费		
12	减：管理费用		
13	其中：行政管理费用		
14	生产线维修费用		
15	生产线折旧费用		
16	生产线变更		
17	厂房折旧		
18	厂房租金		
19	产品设计费用		
20	产品研发		
21	资质认证		
22	减：财务费用		
23	其中：银行贷款利息费		
24	紧急贷款利息费		
25	贴息费		
26	三、营业利润		
27	加：营业外收入		
28	减：营业外支出		
29	其中：渠道撤销费用		
30	订单违约费用		
31	四、税前利润		
32	减：所得税		
33	五、净利润		

表 4.8.4 现金流量表

项　　目	金额/元
一、经营活动产生的现金流量	
销售商品收到的现金	
现金流入小计	
购买商品支付的现金	
支付给职工的现金	
支付的各项税款	
支付其他与经营活动有关的现金	
现金流出小计	
经营活动产生的现金流量净额	
二、投资活动产生的现金流量	
处置固定资产收到的现金	
现金流入小计	
购建固定资产支付的现金	
现金流出小计	
投资活动产生的现金流量净额	
三、筹资活动产生的现金流量	
吸收投资收到的现金	
借款收到的现金	
现金流入小计	
偿还债务支付的现金	
分配股利支付的现金	
偿付利息支付的现金	
现金流出小计	
筹资活动产生的现金流量净额	
四、汇率变动对现金的影响额	
五、现金及现金等价物净增加额	

表 4.8.5　市场销售情况统计表

区域	青少年		中老年		商务人士		合　计	
	销量/箱	份额/%	销量/箱	份额/%	销量/箱	份额/%	销量/箱	份额/%
华东市场								
华南市场								
华北市场								
华中市场								
东北市场								
西南市场								
西北市场								
合计								

表 4.8.6　竞争对手分析表

区域	青少年	中老年	商务人士	合　计
华东市场				
华南市场				
华北市场				

续表

区域	青少年	中老年	商务人士	合 计
华中市场				
东北市场				
西南市场				
西北市场				
合计				

表 4.8.7　主要竞争对手市场表

竞争对手	青少年		中老年		商务人士		合 计	
	销量/箱	份额/%	销量/箱	份额/%	销量/箱	份额/%	销量/箱	份额/%

表 4.8.8　主要竞争对手产能

竞争对手	青少年		中老年		商务人士		合　　计	
	生产线	数量	生产线	数量	生产线	数量	生产线	数量
合计								

本季度已经结束，各公司的最终竞争格局完全形成，各竞争企业也得到了自己的成绩单。一起看看您企业的经营成果吧！

类　　别	上季度得分	上季度排名	累计总得分	累计总排名
财务表现				
市场表现				
投资表现				
成长表现				
综合表现				

各企业应该回顾第一至八季度的各企业竞争决策，包括竞争策略、产能设计、营销策略、财务支持等，从中寻找各企业得失的原因，并能找到本企业在竞争过程中成功与失败的原因。

你的企业制定的企业的目标是否实现：_____

目标实现与否的主要原因是什么：_____

与竞争对手相比，最大的成败：_____

在八个季度的经营过程中团队成员表现：_____

本章回顾

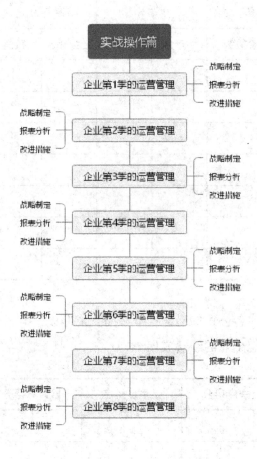

第五部　创新创业提升篇

5.1　基本操作与经营规则

5.2　实战操作

5.3　学习者的心得与再思考

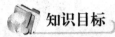 **知识目标**

1. 了解进入系统的基本步骤；
2. 熟悉基本经营规则；
3. 掌握各个环节的操作流程与规则；
4. 知悉综合评分的构成。

 **技能目标**

能够根据实际情况，灵活运用规则，进行企业模拟运营。

本章导读

在前面部分的学习中，已经掌握了企业运营的基本流程与内容。在这一部分中，我们将提升经营难度，经营环境将更加复杂、更加不确定，经营流程将更加细化，竞争更加激励，对经营水平、创新创业能力要求更高。我们将系统介绍模拟系统的操作步骤、经营规则、操作流程，以及综合评分构成等内容。

党的十九大提出"加快建设创新型国家""激发和保护企业家精神，鼓励更多社会主体投身创新创业"。国家将"大众创业、万众创新"确定为打造发展新引擎、增强发展新动力、走创新驱动发展道路的新国策。

经过前一段时间的模拟经营，你和你的团队对经营一家企业有了一定的认识和把握。在这一部分的学习中，你和你的团队需要在原来简化版经营的基础上去接受更加复杂的创新创业学习和训练。

你们即将开始经营一家生产制造智能手环的公司，目前已经有若干家企业进入这个行业，你们将与其他企业进行激烈的市场竞争。每个公司在经营之初，都将获得一笔来自股东600 000.00元的创业资金。公司将经历8个季度的经营，每个季度公司都有机会进行新产品设计、新产品研发、产品原料采购、生产厂房变更、生产设备变更、生产工人招聘以及调整培训、产品生产、广告宣传、新市场开发、销售人员招聘以及调整培训、产品订单报价等经营活动，每个团队都要仔细认真分析讨论每一步任务，并形成决策。整个企业模拟经营流程见图5.0.1。

本次活动我们将在"贝滕创新创业实训平台"模拟进行，该系统引入了高度不确定性的市场环境，这种高度不确定性充分体现了创新创业过程中的本质特征。通过竞争对抗，你们将全方面体验并深刻理解隐藏在任何一个行业或企业背后本质的经营管理精髓和创新创业要求。这次模拟经营的大多数环节要比前期的内容复杂，也更加接近实际，也更能培养你们的创新创业能力。

让我们接受挑战，共同提升吧！

图 5.0.1 企业模拟经营流程

5.1 基本操作与经营规则

5.1.1 进入系统

点击桌面图标登录进入学员客户端。界面见图 5.1.1，图 5.1.2，图 5.1.3，图 5.1.4，图 5.1.5，图 5.1.6。

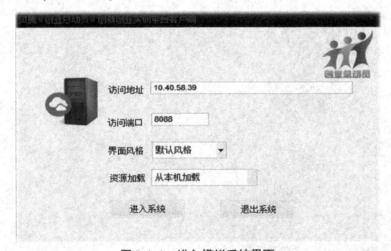

图 5.1.1 进入模拟系统界面

第五部　创新创业提升篇

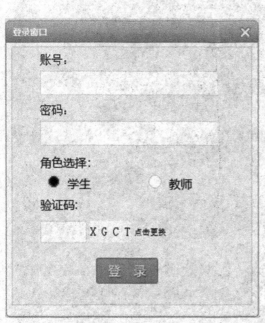

图 5.1.2　登录界面 　　　　　　　　图 5.1.3　注册界面

注册完成后重新登录，并选择班级。

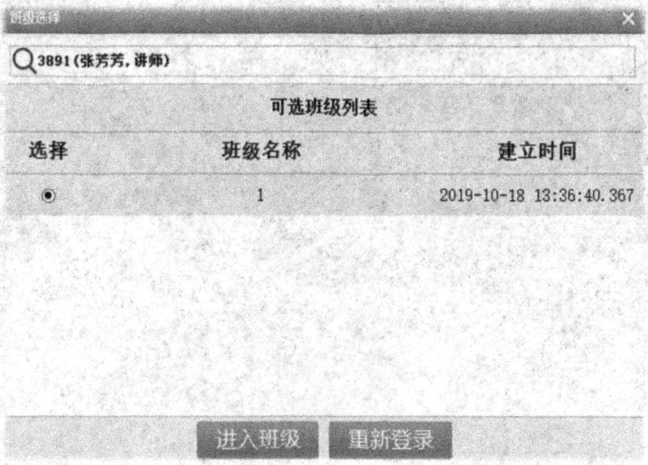

图 5.1.4　选择班级界面

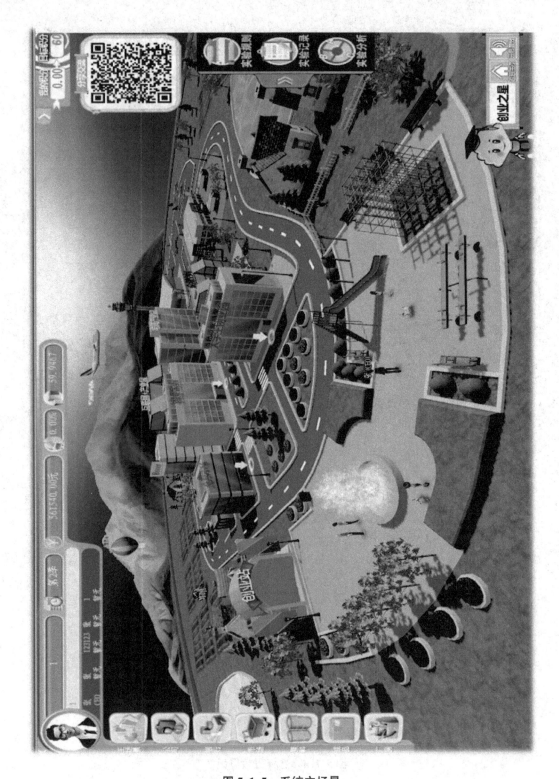

图 5.1.5 系统主场景

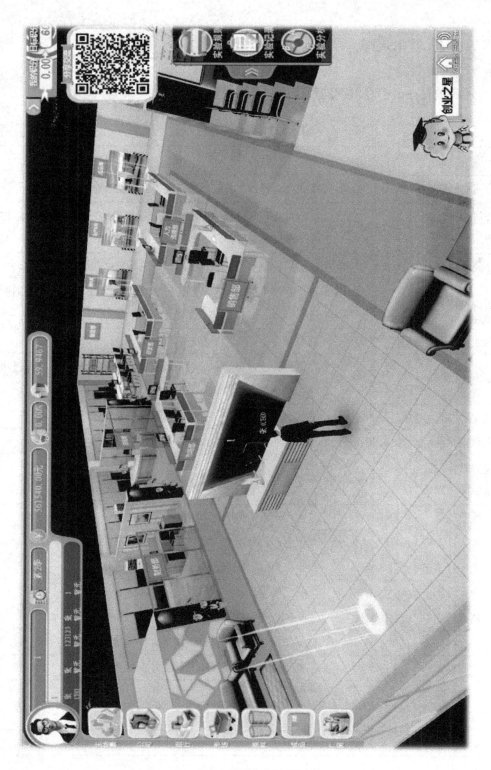

图 5.1.6 模拟企业内部场景

5.1.2 基本规则

所有公司在模拟经营期间都应遵守基本经营规则，如表5.1.1所示。

表5.1.1 经营基本规则

项 目	当前值	说 明
公司初始现金	600 000.00元	正式经营开始之前每家公司获得的注册资金（实收资本）
公司注册设立费用	3000.00元	公司设立开办过程中所发生的所有相关的费用。该笔费用在第一季度初自动扣除
办公室租金	10 000.00元	公司租赁办公场地的费用，每季度初自动扣除当季度的租金
所得税率	25.00%	企业经营当季如果有利润，按该季该税率在下季度初缴纳所得税
营业税率	0.00	营改增后，停征营业税
增值税率	17.00%	按该税率计算企业在采购商品时所支付的增值税款，即进项税，以及企业销售商品所收取的增值税款，即销项税
城建税率	7.00%	根据企业实际缴纳增值税，按该税率缴纳城市建设维护税
教育附加税率	3.00%	根据企业实际缴纳增值税，按该税率缴纳教育附加税
地方教育附加税率	2.00%	根据企业实际缴纳增值税，按该税率缴纳城市建设维护税
行政管理费	1000.00元/人	公司每季度运营的行政管理费用
小组人员工资	10 000.00元/人	小组管理团队所有人员的季度工资，不分人数多少
养老保险比率	20.00%	根据工资总额按该比率缴纳养老保险费用
失业保险比率	2.00%	根据工资总额按该比率缴纳失业保险费用
工伤保险比率	0.50%	根据工资总额按该比率缴纳工伤保险费用
生育保险比率	0.60%	根据工资总额按该比率缴纳生育保险费用
医疗保险比率	11.50%	根据工资总额按该比率缴纳医疗保险费用
未办理保险罚款	2000.00/人	在入职后没有给员工办理保险的情况下按该金额缴纳罚款
普通借款利率	5.00%	正常向银行申请借款的利率
普通借款还款周期（季度）	3	普通借款还款周期（季度）

(续表)

项　　目	当前值	说　　明
紧急借款利率	20.00%	公司资金链断裂时，系统会自动给公司申请紧急借款的利率
紧急借款还款周期（季度）	3	紧急借款还款周期（季度）
同期最大借款授信额度	200 000.00元	同一个周期内，普通借款允许的最大借款金额
一账期应收账款贴现率	3.00%	在一个季度内到期的应收账款贴现率
二账期应收账款贴现率	6.00%	在二个季度内到期的应收账款贴现率
三账期应收账款贴现率	8.00%	在三个季度内到期的应收账款贴现率
四账期应收账款贴现率	10.00%	在四个季度内到期的应收账款贴现率
公司产品上限	8个	每个公司最多能设计研发的产品类别数量
厂房折旧率	2.00%	每季度按该折旧率对购买的厂房原值计提折旧
设备折旧率	5.00%	每季度按该折旧率对购买的设备原值计提折旧
未交付订单罚金比率	30.00%	未按订单额及时交付的订单，按该比率对未交付的部分缴纳罚金，订单违约金=（该订单最高限价*未交付订单数量）*该比率
产品设计费用	30 000.00元	产品设计修改的费用
产品研发每期投入	20 000.00元	产品研发每期投入的资金
广告累计影响时间	3季度	投入广告后能够对定单分配进行影响的时间
紧急贷款扣分	5.00分/次	出现紧急贷款时，综合分值扣除分数/次
每个产品改造加工费	20.00元	订单交易时，原始订单报价产品与买房接受订单的产品之间功能差异的改造的加工费。单个产品改造费=买房产品比卖方产品少的原料配制无折扣价之和+差异数量*产品加工改造费
每期广告最低投入	1000.00元	每期广告最低投入，小于该数额将不允许投入

(续表)

项　　目	当前值	说　　明
每期组间交易每期限制金额	10 000.00 元	每期组间交易每期限制金额。买入＋卖出的原料和订单总金额不能超过此限制
组间交易信息公示时间（分钟）	5	组间交易信息公示时间（分钟）．在此时间内，发布信息者不能结束交易
订单报价，最低价比例	60.00%	订单报价，最低价比例。最低价＝上季度同一市场同一渠道同一消费群体所有报价产品平均数＊该比例

注：1. 上述规则是"贝滕创新创业实训平台"系统默认的规则，教师可以对基本规则进行修改。根据需要也可以关闭某些功能，例如在实际教学和比赛中，为了防止小组之间不正当合作，可以将"组间交易"功能取消。

2. 本规则以"经营一家生产制造智能手环行业的公司"为背景，这是一种具体形象化的设置，这样具体化的"行业模板""企业模板"的用意并非是让学生去真实了解该行业企业的各方面细节，也并非让学生在将来去实际经营管理与模拟企业完全一样的公司，而是通过这种具体直观的方式锻炼学生的能力，一种适用于任何行业任何企业的通用能力，即达到"授人以鱼不如授人以渔"的目的。

5.1.3　各个环节的操作与规则

在模拟经营的各个环节，需要学员在模拟公司的各个职能部门完成各类决策操作。

1. 财务部

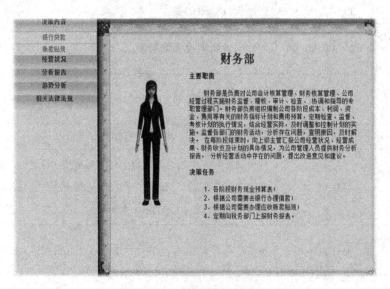

图 5.1.7　财务部主界面

银行借款规则如表 5.1.2 所示。

表 5.1.2 银行借款规则

借款利率	5%	利息为申请时一次性支付，实际到账金额＝申请金额—申请金额×借款利率
还款周期	3 季度	到还贷时间的借款，将于到期季度期末由系统作自动还款处理。
总授信额度		总授信额度＝上季末净资产—累计已借款金额。
本期授信额度		同期内累计最大借款额度。

2. 技术部

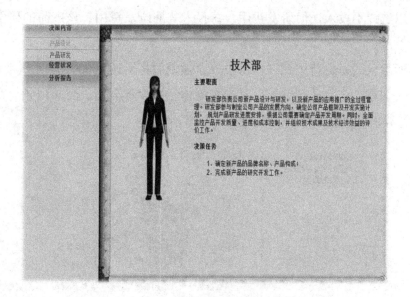

图 5.1.8 技术部主界面

（1）产品设计规则

针对同一消费群体不允许出现两个配置相同的产品。不同消费群体具有不同的产品功能诉求，为了产品获得更多的青睐，每个公司需要根据这些功能诉求设计新产品。同时产品设计也将决定新产品的直接原料成本高低，另外也将决定新产品在具体研发过程中的研发难度。一般来说，产品功能越多，BOM 表越复杂，直接原料成本就越高。

对于已经开始研发或研发完成的产品，设计是不可更改的，每完成一个新产品设计须立即支付 30000 元设计费用，每个公司在经营期间最多可以累计设计 8 个产品，在公司研发部完成产品设计。

（2）产品研发规则

对于完成设计的新产品，产品研发的主要职责是对其开展攻关、开发、测试等工作，每个完成设计的产品每期的研发费用是 20000 元，不同产品由于设计差异导致产品研发所需的时间并不相同，所以所需的总研发费用也不同。

对于已经完成设计的产品，每个公司都可以对其进行研发，由于不同产品设计的 BOM 配置表具有差异，所以产品研发需要的总时间也会有差异，BOM 配置表越复杂，产品研发成功所需的总时间周期就越长。

只有研发完成的产品才允许生产制造。

每个产品每期可投入固定的 20000.00 元作为研发费用。

也可以选择不投入任何研发费用。每投入一期研发费用，该产品的研发周期就缩短一个季度。

本期所投入的研发费用允许撤销投入，撤销后将返还 20000.00 元研发费用。

每个公司在这个行业都需要面对老年群体、青少年群体、公司白领、商务人士 4 个需求各异的群体。如图 5.1.9，图 5.1.10 所示。

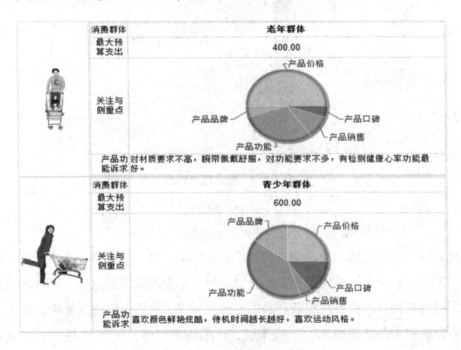

图 5.1.9 消费群体分类

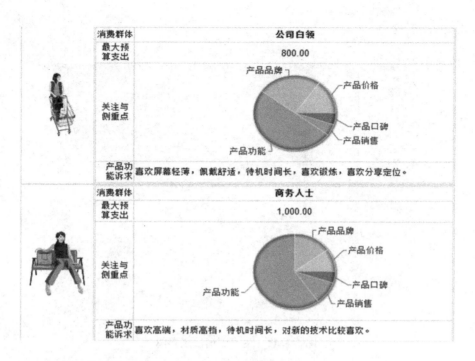

图 5.1.10　消费群体分类

不同的消费群体对产品的关注与侧重点有差异，消费者从 5 个不同角度评价产品，评分高的公司获得的市场需求越多。

（1）产品价格：公司销售产品时的报价，价格越低越能获得消费者的认可。

（2）产品功能：每个公司设计新产品时选定的功能配置表（BOM 表），与竞争对手相比，产品的功能越符合消费者的功能诉求就越能得到消费者的认可。

（3）产品品牌：由公司市场部门在产品所投入的累计宣传广告多少决定，与竞争对手相比，累计投入广告越多，产品品牌知名度就越高，越能获得消费者认可。

（4）产品口碑：指该产品的历史销售情况，与竞争对手相比，产品累计销售的数量，产品订单交付完成率越高消费者对产品认定就越高。

（5）产品销售：指公司当前销售产品所具备的总销售能力，与竞争对手相比，总销售能力越强，获得消费者认可也越高。

以上 5 个方面对于不同类型的消费群体，其关注的侧重点时不同的，一般侧重度越大说明消费者越关注，对消费者是否购买该产品的影响也越大。

为什么说，公益广告是时代的一面镜子？

3. 生产制造部

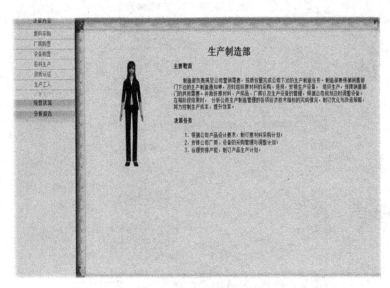

图 5.1.11　生产制造部主界面

(1) 原料采购

根据你的产品的配置，购买相应的原料，注意：购买时要看清到货周期；按照产品的原料基本配置，缺少任意一种将原料不足，导致无法进行加工生产。

每个经营周期内，公司可随时购买所需的原料，每种原料购买具有不同的规则。到货周期为 0 的原料购买当期即可到货，大于 0 的原料需要延迟相应季度后才能发货。应付账期为 0 的原料购买时必须支付现金，大于 0 的原料需要延迟相应季度后才能发货。

单价会随着采购数量的不同而有不同折扣率，采购数量不同所享受的价格折扣就不同。(见表 5.1.3，限举例)

表 5.1.3　价格折扣规则表

	从（件）	到（件）	折扣
价格折扣	0	200	0.00%
	201	500	5.00%
	501	1000	10.00%
	1001	1500	15.00%
	1501	2000	20.00%
	2001	—	25.00%

紧急采购，购置原料时，对于到货周期大于 0 的原料，可勾选"紧急采购"，紧急采购的原料可无到货周期限制，但需额外支付原料无折扣价的 50.0% 紧急采购费。即：紧急采购合计 = 原料无折扣价 * （1 + 0.5）

合计金额是指本次采购数量乘以相应的折扣价格所得的金额。

合计税额是指本次合计金额乘以 17.00% 增值税率所得的金额。

价税合计 = 合计金额 + 合计税额

对于本季度购买的原料，点击原料子类可看到明细购买记录，点击撤销按钮可以撤销购买操作，撤销后将原价返还购置款。

原料分为多个大类，分别是屏幕类型、腕带材质、待机时间、附加功能，其中每个大类的原材料又包含多个明细原料。

（2）厂房购置

厂房可以选择租用或购买，对于租用的厂房，每期期初将自动支付相应的租金，对于购买的厂房，购买当时即支付相应的现金。

厂房可以选择退租或出售，厂房退租或出售实际发生的每期期末，此时只有厂房内没有设备的情况下才能成功。退租后的厂房在下期不再支付租金，出售厂房则以厂房净值回收现金。厂房购置规则见表 5.1.4：

表 5.1.4 厂房购置规则

厂房类型	购买价（元）	租用价（元/季度）	季度折旧率	可容纳生产线（条）
大型厂房	1,200,00	11,000	2%	6
中型厂房	800,00	8,000	2%	4
小型厂房	500,00	5,000	2%	2

（3）设备购置

购买价格，设备只能购买，购买当时即支付现金。

设备产能，设备在同一个生产周期内最多能投入生产的产品数量。

成品率，对于一批固定数量的原料投入到设备中后，在加工成产品的过程中产生部分次品。

混合投料，设备在同一生产周期内是否允许同时生产多种产品。

安装周期，设备自购买当期开始到设备安装完成可用所需的时间。

生产周期，原料投入直到产品下线所需的时间。

单件加工费，加工每一件成品所需的加工费用。

工人上限，每条设备允许配置的最大工人数，设备产能、成品率、线上工人总产能3个因素决定了一条设备的实际产能。

维护费用，当设备不处于安装周期时，每季度需要支付设备维护费用，该费用在每期期末自动扣除。

升级费用，对设备进行一次设备升级所需花费的费用，该费用在升级时即自动扣除，每条设备在同一升级周期内只允许运行一次设备升级。

升级周期，完成一次设备升级所需要的时间。

升级提升，设备完成一次升级后，设备成品率将在原来的基础上提升。

搬迁周期：设备从一个厂房搬迁到另一个厂房所需要的时间。

搬迁费用，设备从一个厂房搬迁到另一个厂房所花费的费用，该费用在搬迁当时自动扣除。

设备可以出售，当设备上无在制品时，设备可以立即出售。出售后设备上的工人将自动转为闲置状态。出售设备以设备净值回收现金。生产线购置规则见表5.1.5。

表5.1.5 生产线规购置则

序号	参数	柔性线	自动线	半自动线	手工线
1	购买价格	120000元	100000元	70000元	50000元
2	设备产能	500件	400件	300件	200件
3	成品率	90.00%	85.00%	80.00%	75.00%
4	混合投料	是	是	否	否
5	安装周期	1	1	1	0
6	生产周期	0	0	0	0
7	单件加工费	10.00元	20.00元	25.00元	30.00元
8	工人上限	5	4	3	2
9	维护费用	3000元	2500元	2000元	1500元
10	升级费用	1000元	1000元	1000元	1000元
11	升级周期	1	1	1	1

(续表)

序号	参数	柔性线	自动线	半自动线	手工线
12	升级提升	1.00%	2.00%	3.00%	4.00%
13	搬迁周期	1	1	0	0
14	搬迁费用	4000元	3000元	2000元	1000元

(4) 资质认证

公司可以获得多种资格认证，不同市场的不同消费者对企业获得何种认证有不同的要求，对于不能符合消费者要求的企业，消费者将拒绝购买其产品。资质认证规则见表5.1.6

表5.1.6 资质认证规则

认证类型	每期投入费用（元）	认证总周期（季）	总投入费用（元）
CCC认证	30000	2	60000
SRRC认证	30000	3	90000

在不同的市场上有不同的订单对资质认证要求各不相同，各市场对资质认证要求的详细情况见表。市场资质认证要求见表5.1.7。

表5.1.7 市场资质认证要求

市场	渠道	群体	认证类别	1季度	2季度	3季度	4季度	5季度	6季度	7季度	8季度
华东	零售渠道	老年群体	CCC					√	√	√	√
			SRRC							√	√
		青少年群体	CCC				√	√	√	√	√
			SRRC						√	√	√
		公司白领	CCC				√	√	√	√	√
			SRRC						√	√	√
		商务人士	CCC				√	√	√	√	√
			SRRC						√	√	√

(续表)

市场	渠道	群体	认证类别	1季度	2季度	3季度	4季度	5季度	6季度	7季度	8季度
华北	零售渠道	老年群体	CCC					√	√	√	√
			SRRC							√	√
		青少年群体	CCC					√	√	√	√
			SRRC						√	√	√
		公司白领	CCC				√	√	√	√	√
			SRRC								
		商务人士	CCC				√	√	√	√	√
			SRRC						√	√	√
华南	零售渠道	老年群体	CCC					√	√	√	√
			SRRC							√	√
		青少年群体	CCC					√	√	√	√
			SRRC							√	√
		公司白领	CCC					√	√	√	√
			SRRC							√	√
		商务人士	CCC					√	√	√	√
			SRRC						√	√	√
华中	零售渠道	老年群体	CCC						√	√	√
			SRRC							√	√
		青少年群体	CCC					√	√	√	√
			SRRC							√	√
		公司白领	CCC					√	√	√	√
			SRRC							√	√
		商务人士	CCC					√	√	√	√
			SRRC						√	√	√

(续表)

市场	渠道	群体	认证类别	1季度	2季度	3季度	4季度	5季度	6季度	7季度	8季度
西南	零售渠道	老年群体	CCC						√	√	√
			SRRC							√	√
		青少年群体	CCC						√	√	√
			SRRC							√	√
		公司白领	CCC					√	√		
			SRRC							√	
		商务人士	CCC						√	√	
			SRRC						√		
东北	零售渠道	老年群体	CCC						√	√	
			SRRC							√	
		青少年群体	CCC						√	√	√
			SRRC							√	√
		公司白领	CCC				√	√	√	√	
			SRRC						√	√	
		商务人士	CCC				√		√	√	
			SRRC						√		
西北	零售渠道	老年群体	CCC						√	√	
			SRRC							√	√
		青少年群体	CCC						√	√	√
			SRRC							√	√
		公司白领	CCC					√	√	√	√
			SRRC						√	√	
		商务人士	CCC						√	√	√
			SRRC						√	√	√

（5）制造成本

原材料采购到最终成品下线过程中，最终下线成品将包含以下成本：

每个原材料采购时不含税实际成交的价格；

生产产品所使用的厂房租金或折旧合计，平均分摊法分摊到每个成品；

生产产品所使用的设备维护、设备折旧费用、设备搬迁、设备升级，平均分摊法分摊到该生产线上的每个成品；

生产产品对应的工人工资、五险合计，平均分摊法分摊到每个成品；

每个产品生产过程中产生的产品加工费；

生产线生产过程中产生的废品部分成本，平均分摊法分摊到每个成品。

原材料库存管理：先进先出法，最先购买入库的原材料批次将被优先投入生产线。进行生产。

成品库存管理：先进先出法，最先下线入库的成品将被优先用于交付订单需求。

4. 人力资源部

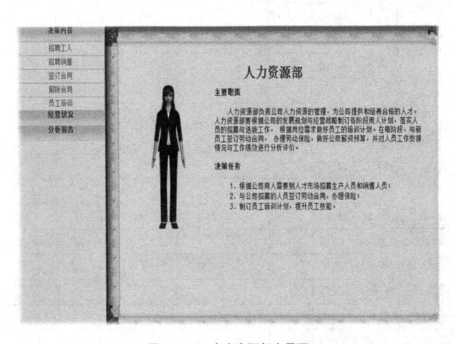

图 5.1.12　人力资源部主界面

（1）工人招聘

公司可以在交易市场的人才市场招聘不同能力层次的生产人员。

生产能力，工人在一个生产周期内所具有的最大生产能力。

招聘费用，招聘一个工人所需花费的招聘费用，该笔费用在招聘时自动扣除。

季度工资，支付给工人的工资，每期期末自动支付。

试用期，招聘后试用的时间，人力资源部需在试用期内与工人签订合同，否则将支付罚金。

培训费用，每次培训一个工人所需花费的费用，每个工人每个经营周期最多只能做一次培训。工人培训由生产制造部提出，递交到人力资源部后进行实施，培训费用在实施时支付。

培训提升，工人完成一次培训后，生产能力将在原有能力的基础上提升的百分比。培训后生产能力 = 培训前生产能力 × （1 + 培训提升）

辞退补偿，试用期内辞退工人无需支付辞退补偿金，试用期满并正式签订合同后需支付辞退补偿金，一般在每期期末实际辞退工人时实时支付。

工人招聘及管理参数见表5.1.8。

表 5.1.8 工人招聘及管理规则

工人类型	生产工人
生产能力	90
招聘费用	300
季度工资	3600
试用期	1
培训费用	300
培训提升	3%
辞退补偿	2000

（2）销售人员招聘

公司可以在交易市场的人才市场招聘不同能力层次的销售人员。

销售能力：销售人员在一个经营周期内所具有的最大销售能力。

招聘费用：招聘一个销售人员所需花费的招聘费用，该笔费用在招聘时自动扣除。

季度工资：支付给销售人员的工资，每期期末自动支付。

试用期：招聘后试用的时间，人力资源部需在试用期内与销售人员签订合同，招聘之后没有签订合同将支付罚金，每人2000元。

培训费用：每次培训一个销售人员所需花费的费用，每个销售人员每个经营周期最多只能做一次培训。销售人员培训由销售部提出，递交到人力资源部后进行实施，培训费用在实施时支付。

培训提升：销售人员完成一次培训后，销售能力将在原有能力的基础上提升的百分比。培训后销售能力＝培训前销售能力×（1＋培训提升）

辞退补偿：试用期内辞退销售人员无需支付辞退补偿金，试用期满并正式签订合同后需支付辞退补偿金，一般在每期期末实际辞退销售人员时实时支付。

销售人员招聘及管理参数见表5.1.9。

表5.1.9　销售人员招聘及管理规则

销售人员	业务员
销售能力	100
招聘费用	500
季度工资	4000
试用期	1
培训费用	500
培训提升	5%
辞退补偿	4000

5. 市场部

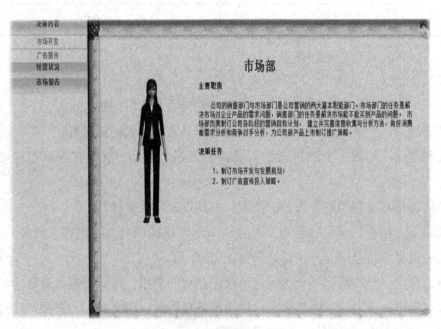

图5.1.13　市场部主界面

市场营销分为渠道开发、产品推广宣传等多项工作。

(1) 渠道开发

整个市场根据地区划分为多个市场区域，每个市场区域下有一个或多个销售渠道可供公司开拓。开发销售渠道除了需要花费一定的开发周期，每期还需要一笔开发费用。每个公司可以通过不同的市场区域下已经开发完成的销售渠道，销售产品。渠道开发的规则如表5.1.10所示。

表5.1.10 渠道开发规则

渠道名称	零售渠道	零售渠道	零售渠道	零售渠道	零售渠道	零售渠道	零售渠道
所属市场	华东	华北	华南	华中	西南	东北	西北
开发周期	0	1	1	2	2	3	3
每期费用（元）	20 000	20 000	20 000	20 000	20 000	20 000	20 000
总费用（元）	0	20 000	20 000	40 000	40 000	60 000	60 000

(2) 产品推广

主要指广告宣传，每个产品每期均可以投入一笔广告宣传费用，每一期投入的广告对未来若干季度是有累积效应的。投入当季效应最大，随着时间推移，距离目前季度越久，效应逐渐降低。

(3) 市场需求

每个经营周期，不同市场区域下的不同销售渠道都包含了多个消费群体的不同数量的潜在市场需求，所有公司都可以通过营销渠道把自己的产品销售给这些消费者，当然消费者也将根据自身需求及其他多方面因素在众多厂家中选择自己最钟爱的产品。当然也有可能出现部分厂家的产品供不应求的情况。部分消费者的需求将暂时无法得到满足。对于这些暂时未得到满足的消费者，他们将在接下去的季度继续寻找自己想要的产品。但如果某些市场区域大量的消费者持续得不到产品满足，该市场的需求总量增长将逐渐放缓。

以下是专业市场调查机构提供的未来六个季度的需求分析走势图，见图5.1.14。（注：本报告仅供参考，其中所提供的需求量走势与最终实际市场最终需求可能会有一定的差异。本走势图预测的是一个组的市场订单量。）

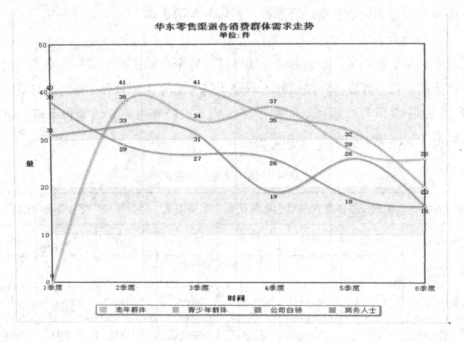

图 5.1.14　产品需求走势图

6. 销售部

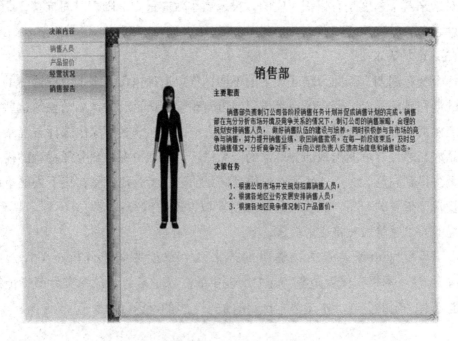

图 5.1.15　市场部主界面

每个经营周期，对于已经完成开发的渠道，将有若干来自不同消费群体的市场订单以供每个公司报价。每个市场订单均包含以下要素：资质要求、购买量、回款周期、最高承受价。当前订单无法按量满额交付时，需支付订单违约金。订单违约金=（该订单最高限价×未交付订单数量）×订单违约金比例（30%）。

7. 总经理

点击已完成当前任务所有决策，提交教师端。

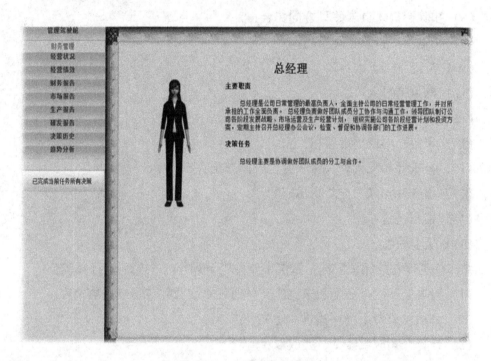

图 5.1.16　总经理主界面

8. 订单交付

完成报价后，进行订单交付。

订单交付后，根据得到的订单发货。本季度经营接近尾声，下一步为本季度期末的结算和下个季度期初结算，准备下个季度的经营。

9. 季度期末、期初结算

季度结算分两步，一步是计算本季度末的数据，另一步计算下季度初的数据。

结算本季度末的相关数据，系统主要做以下操作（按先后顺序排列）：

(1) 支付产品制造费用；

(2) 支付管理人员工资和五险；

(3) 更新设备搬迁；

(4) 更新设备升级；

(5) 更新厂房出售、设备出售；

(6) 更新生产工人培训；

(7) 扣除生产工人未签订合同罚金；

(8) 扣除销售人员未签订合同罚金；

(9) 扣除基本行政管理费用；

(10) 辞退生产工人；

(11) 辞退销售人员；

(12) 出售生产设备；

(13) 出售厂房或厂房退租；

(14) 检查并扣除管理人员未签订合同罚金；

(15) 检查并扣除未交货订单违约金；

(16) 银行还贷；

(17) 紧急贷款。

结算下季度初的相关数据，系统主要做以下操作（按先后顺序排列）：

(1) 检查上季度未分配和未完成交付的订单数，并转移到当前季度；

(2) 公司注册费用（一季度扣除）；

(3) 计算公司应收账款，并收取；

(4) 计算公司应付账款，并支付；

(5) 扣除上季度增值税、城建税、所得税、教育附加税、地方教育附加税；

(6) 扣除办公室租金；

(7) 更新原料到货状态；

(8) 更新预付账款状态；

(9) 紧急贷款。

5.1.4 综合评分

综合表现 = 盈利表现 + 财务表现 + 市场表现 + 投资表现 + 成长表现

基准分数为 100 分，各项权重分别为：

盈利表现权重 30.00 分，财务表现权重 30.00 分，市场表现权重 20.00 分，投资表现权重 10.00 分，成长表现权重 10.00 分，各项权重由讲师设置。

1. 盈利表现

盈利表现 = 所有者权益/所有企业平均所有者权益 × 盈利表现权重

盈利表现最低为 0.00，最高为 60.00。

2. 财务表现

财务表现 = （本企业平均财务综合评价/所有企业平均财务综合评价的平均数）× 财务表现权重

财务表现最低为 0.00，最高为 60.00。

3. 市场表现

市场表现 = （本企业本企业累计已交付的订货量/所有企业平均累计交付的订货量）× 市场表现权重

市场表现最低为 0.00，最高为 40.00。

4. 投资表现

投资表现 = （本企业未来投资/所有企业平均未来投资）× 投资表现权重

未来投资 = 累计产品研发投入 + 累计认证投入 + 累计市场开发投入 + $\sum$（每个厂房和设备的原值 / 相应的购买季度数）

投资表现最低为 0.00，最高为 20.00。

5. 成长表现

成长表现 = （本企业累计销售收入/所有企业平均累计销售收入）× 成长表现权重

成长表现最低为 0.00，最高为 20.00。

5.2 实战操作

经过前面的学习和操作，你已经熟悉了基本的经营规则，你的团队已经组建了一家企业。要想更加深刻的理解创新创业的精髓，提升自身的能力和素质，重要的是在实战中学习和感悟。

所有团队都将经历为期八季度的模拟经营。每季度经营都有若干企业经营决策任务，各团队要对每项任务进行分析讨论，最终形成企业的经营决策，并输入到电脑模拟系统中。

让你的团队在实战中检验自己的智慧和能力吧！

5.2.1 第一季度运营管理

第一季度是战略布局的一个季度，经营情况将对以后的运营管理产生深远的影响。请各经营团队着眼于全局，制定自己的经营战略和战术，完成第一季度的运营管理，整个过程将耗时 1 小时左右（经营过程参考表 5.2.1，以下各个季度相同）。

表 5.2.1 经营过程一览表

序号	部门	主要决策	具体经营情况	完成情况
1	总经理	制定本季战略计划		
2	财务部	1. 银行贷款 2. 账款贴现		
3	技术部	1. 产品设计 2. 产品研发		
4	制造部	1. 原料采购 2. 厂房购置 3. 设备购置 4. 资质认证		
5	市场部	1. 市场开发 2. 广告宣传		
6	人力资源部	1. 招聘工人 2. 招聘销售 3. 签订合同		
7	制造部	1. 工人调整 2. 工人计划培训 3. 工人计划辞退 4. 投料生产		

(续表)

序号	部门	主要决策	具体经营情况	完成情况
8	销售部	1. 销售人员调整 2. 销售人员计划培训 3. 销售人员计划辞退 4. 产品报价		
9	人力资源部	1. 员工培训 2. 解除合同		
10	总经理	已完成当前任务所有决策		
11	制造部	1. 订单交付 2. 其他		

本季已经结束，一起看看您企业的经营成果吧！

（请根据系统提供的数据分析填写表5.2.2，以下各季度相同。）

表5.2.2　经营成果一览表

类别	得分	排名
盈利表现		
财务表现		
市场表现		
投资表现		
成长表现		
综合表现		

说出您企业本季经营管理中出现的问题，并提出改进的措施。

综合：　　　（问题）_____

　　　　　　（措施）_____

财务管理方面：（问题）_____
　　　　　　　（措施）_____
市场营销方面：（问题）_____
　　　　　　　（措施）_____
设计研发方面：（问题）_____
　　　　　　　（措施）_____
生产制造方面：（问题）_____
　　　　　　　（措施）_____
人力资源方面：（问题）_____
　　　　　　　（措施）_____

5.2.2　第二季度运营管理

经过第一季度的运营管理，各企业经营的情况发生了改变。各经营团队需要记录分析一些主要的经营数据，分析自己和其他企业的经营情况，制定本季度的经营方略，完成这一季度的运营管理，整个过程将耗时1小时左右。

表 5.2.3　经营过程一览表

序号	部门	主要决策	具体经营情况	完成情况
1	总经理	制定本季战略计划		
2	财务部	1. 银行贷款 2. 账款贴现		
3	技术部	1. 产品设计 2. 产品研发		
4	制造部	1. 原料采购 2. 厂房购置 3. 设备购置 4. 资质认证		
5	市场部	1. 市场开发 2. 广告宣传		

(续表)

序号	部门	主要决策	具体经营情况	完成情况
6	人力资源部	1. 招聘工人 2. 招聘销售 3. 签订合同		
7	制造部	1. 工人调整 2. 工人计划培训 3. 工人计划辞退 4. 投料生产		
8	销售部	1. 销售人员调整 2. 销售人员计划培训 3. 销售人员计划辞退 4. 产品报价		
9	人力资源部	1. 员工培训 2. 解除合同		
10	总经理	已完成当前任务所有决策		
11	制造部	1. 订单交付 2. 其他		

本季已经结束,一起看看您企业的经营成果吧!

表 5.2.4 经营成果一览表

类别	得分	排名
盈利表现		
财务表现		
市场表现		
投资表现		
成长表现		
综合表现		

说出您企业本季经营管理中出现的问题，并提出改进的措施。

综合：　　　　　（问题）_____

　　　　　　　　（措施）_____

财务管理方面：（问题）_____

　　　　　　　　（措施）_____

市场营销方面：（问题）_____

　　　　　　　　（措施）_____

设计研发方面：（问题）_____

　　　　　　　　（措施）_____

生产制造方面：（问题）_____

　　　　　　　　（措施）_____

人力资源方面：（问题）_____

　　　　　　　　（措施）_____

5.2.3　第三季度运营管理

经过第二季度的运营管理，各企业经营的情况变得更加复杂，需要分析的数据越来越多。各经营团队要分工合作，制定本季度的经营方略，完成这一季度的运营管理，整个过程将耗时 1 小时左右。

表 5.2.5　经营过程一览表

序号	部　门	主要决策	具体经营情况	完成情况
1	总经理	制定本季战略计划		
2	财务部	1. 银行贷款 2. 账款贴现		
3	技术部	1. 产品设计 2. 产品研发		

(续表)

序号	部门	主要决策	具体经营情况	完成情况
4	制造部	1. 原料采购 2. 厂房购置 3. 设备购置 4. 资质认证		
5	市场部	1. 市场开发 2. 广告宣传		
6	人力资源部	1. 招聘工人 2. 招聘销售 3. 签订合同		
7	制造部	1. 工人调整 2. 工人计划培训 3. 工人计划辞退 4. 投料生产		
8	销售部	1. 销售人员调整 2. 销售人员计划培训 3. 销售人员计划辞退 4. 产品报价		
9	人力资源部	1. 员工培训 2. 解除合同		
10	总经理	已完成当前任务所有决策		
11	制造部	1. 订单交付 2. 其他		

本季已经结束，一起看看您企业的经营成果吧！

表 5.2.6　经营成果一览表

类　别	得　分	排　名
盈利表现		
财务表现		
市场表现		
投资表现		
成长表现		
综合表现		

说出您企业本季经营管理中出现的问题，并提出改进的措施。

综合：　　　（问题）_____

　　　　　　（措施）_____

财务管理方面：（问题）_____

　　　　　　（措施）_____

市场营销方面：（问题）_____

　　　　　　（措施）_____

设计研发方面：（问题）_____

　　　　　　（措施）_____

生产制造方面：（问题）_____

　　　　　　（措施）_____

人力资源方面：（问题）_____

　　　　　　（措施）_____

5.2.4　第四季度运营管理

经过第三季度的运营管理，各企业经营情况又发生变化，经营业绩会差异较大。由于需要分析的数据越来越多，难免会出现经营失误。"发生经营失误"本身就是学习的一部分，要更加认真仔细的分析目前的经营状况，制定本季度的经营方略，完成这一季度的运营管理，整个过程将耗时 1 小时左右。

表 5.2.7 经营过程一览表

序号	部门	主要决策	具体经营情况	完成情况
1	总经理	制定本季战略计划		
2	财务部	1. 银行贷款 2. 账款贴现		
3	技术部	1. 产品设计 2. 产品研发		
4	制造部	1. 原料采购 2. 厂房购置 3. 设备购置 4. 资质认证		
5	市场部	1. 市场开发 2. 广告宣传		
6	人力资源部	1. 招聘工人 2. 招聘销售 3. 签订合同		
7	制造部	1. 工人调整 2. 工人计划培训 3. 工人计划辞退 4. 投料生产		
8	销售部	1. 销售人员调整 2. 销售人员计划培训 3. 销售人员计划辞退 4. 产品报价		
9	人力资源部	1. 员工培训 2. 解除合同		
10	总经理	已完成当前任务所有决策		
11	制造部	1. 订单交付 2. 其他		

本季已经结束，一起看看您企业的经营成果吧！

表 5.2.8 经营成果一览表

类 别	得 分	排 名
盈利表现		
财务表现		
市场表现		
投资表现		
成长表现		
综合表现		

说出您企业本季经营管理中出现的问题，并提出改进的措施。

综合：　　　　　（问题）＿＿＿＿＿＿＿＿＿＿＿＿＿＿＿＿＿＿＿＿＿
　　　　　　　　（措施）＿＿＿＿＿＿＿＿＿＿＿＿＿＿＿＿＿＿＿＿＿

财务管理方面：（问题）＿＿＿＿＿＿＿＿＿＿＿＿＿＿＿＿＿＿＿＿＿
　　　　　　　　（措施）＿＿＿＿＿＿＿＿＿＿＿＿＿＿＿＿＿＿＿＿＿

市场营销方面：（问题）＿＿＿＿＿＿＿＿＿＿＿＿＿＿＿＿＿＿＿＿＿
　　　　　　　　（措施）＿＿＿＿＿＿＿＿＿＿＿＿＿＿＿＿＿＿＿＿＿

设计研发方面：（问题）＿＿＿＿＿＿＿＿＿＿＿＿＿＿＿＿＿＿＿＿＿
　　　　　　　　（措施）＿＿＿＿＿＿＿＿＿＿＿＿＿＿＿＿＿＿＿＿＿

生产制造方面：（问题）＿＿＿＿＿＿＿＿＿＿＿＿＿＿＿＿＿＿＿＿＿
　　　　　　　　（措施）＿＿＿＿＿＿＿＿＿＿＿＿＿＿＿＿＿＿＿＿＿

人力资源方面：（问题）＿＿＿＿＿＿＿＿＿＿＿＿＿＿＿＿＿＿＿＿＿
　　　　　　　　（措施）＿＿＿＿＿＿＿＿＿＿＿＿＿＿＿＿＿＿＿＿＿

5.2.5 第五季度运营管理

经过第四季度的运营管理，各公司的战略往往进入较为稳定的实施阶段，经营战略对企业的影响越发显现出来。各团队根据目前的经营态势，制定下一步的经营方略，完成这一季度的运营管理，整个过程将耗时 1 小时左右。

表 5.2.9 经营过程一览表

序号	部门	主要决策	具体经营情况	完成情况
1	总经理	制定本季战略计划		
2	财务部	1. 银行贷款 2. 账款贴现		
3	技术部	1. 产品设计 2. 产品研发		
4	制造部	1. 原料采购 2. 厂房购置 3. 设备购置 4. 资质认证		
5	市场部	1. 市场开发 2. 广告宣传		
6	人力资源部	1. 招聘工人 2. 招聘销售 3. 签订合同		
7	制造部	1. 工人调整 2. 工人计划培训 3. 工人计划辞退 4. 投料生产		
8	销售部	1. 销售人员调整 2. 销售人员计划培训 3. 销售人员计划辞退 4. 产品报价		
9	人力资源部	1. 员工培训 2. 解除合同		
10	总经理	已完成当前任务所有决策		
11	制造部	1. 订单交付 2. 其他		

本季已经结束，一起看看您企业的经营成果吧！

表 5.2.10　经营成果一览表

类　　别	得　　分	排　　名
盈利表现		
财务表现		
市场表现		
投资表现		
成长表现		
综合表现		

说出您企业本季经营管理中出现的问题，并提出改进的措施。

综合：　　　　（问题）_____
　　　　　　　（措施）_____

财务管理方面：（问题）_____
　　　　　　　（措施）_____

市场营销方面：（问题）_____
　　　　　　　（措施）_____

设计研发方面：（问题）_____
　　　　　　　（措施）_____

生产制造方面：（问题）_____
　　　　　　　（措施）_____

人力资源方面：（问题）_____
　　　　　　　（措施）_____

5.2.6　第六季度运营管理

经过第五季度的运营管理，各团队会发现资质认证等对产品销售的影响会越来越大，各项经营规则从不同角度影响经营决策。各团队根据目前的经营态势，制定下一步的经营方略，完成这一季度的运营管理，整个过程将耗时 1 小时左右。

表 5.2.11　经营过程一览表

序号	部　门	主要决策	具体经营情况	完成情况
1	总经理	制定本季战略计划		
2	财务部	1. 银行贷款 2. 账款贴现		
3	技术部	1. 产品设计 2. 产品研发		
4	制造部	1. 原料采购 2. 厂房购置 3. 设备购置 4. 资质认证		
5	市场部	1. 市场开发 2. 广告宣传		
6	人力资源部	1. 招聘工人 2. 招聘销售 3. 签订合同		
7	制造部	1. 工人调整 2. 工人计划培训 3. 工人计划辞退 4. 投料生产		
8	销售部	1. 销售人员调整 2. 销售人员计划培训 3. 销售人员计划辞退 4. 产品报价		
9	人力资源部	1. 员工培训 2. 解除合同		
10	总经理	已完成当前任务所有决策		
11	制造部	1. 订单交付 2. 其他		

本季已经结束，一起看看您企业的经营成果吧！

表 5.2.12 经营成果一览表

类 别	得 分	排 名
盈利表现		
财务表现		
市场表现		
投资表现		
成长表现		
综合表现		

说出您企业本季经营管理中出现的问题，并提出改进的措施。

综合：　　　　　（问题）_____
　　　　　　　　（措施）_____

财务管理方面：（问题）_____
　　　　　　　　（措施）_____

市场营销方面：（问题）_____
　　　　　　　　（措施）_____

设计研发方面：（问题）_____
　　　　　　　　（措施）_____

生产制造方面：（问题）_____
　　　　　　　　（措施）_____

人力资源方面：（问题）_____
　　　　　　　　（措施）_____

5.2.7 第七季度运营管理

经过第六季度的运营管理，各团队会更加深刻的体会企业经营是一项没有标准答案，没有最优解决方案而又非常复杂的系统工程，各项经营决策考验者经营者的智慧和魄力。各团队根据目前的经营态势，制定下一步的经营方略，完成这一季度的运营管理，整个过程将耗时1小时左右。

表 5.2.13 经营过程一览表

序号	部门	主要决策	具体经营情况	完成情况
1	总经理	制定本季战略计划		
2	财务部	1. 银行贷款 2. 账款贴现		
3	技术部	1. 产品设计 2. 产品研发		
4	制造部	1. 原料采购 2. 厂房购置 3. 设备购置 4. 资质认证		
5	市场部	1. 市场开发 2. 广告宣传		
6	人力资源部	1. 招聘工人 2. 招聘销售 3. 签订合同		
7	制造部	1. 工人调整 2. 工人计划培训 3. 工人计划辞退 4. 投料生产		
8	销售部	1. 销售人员调整 2. 销售人员计划培训 3. 销售人员计划辞退 4. 产品报价		
9	人力资源部	1. 员工培训 2. 解除合同		
10	总经理	已完成当前任务所有决策		
11	制造部	1. 订单交付 2. 其他		

本季已经结束，一起看看您企业的经营成果吧！

表 5.2.14 经营成果一览表

类　　别	得　　分	排　　名
盈利表现		
财务表现		
市场表现		
投资表现		
成长表现		
综合表现		

说出您企业本季经营管理中出现的问题，并提出改进的措施。

综合：　　　　（问题）_____
　　　　　　　（措施）_____
财务管理方面：（问题）_____
　　　　　　　（措施）_____
市场营销方面：（问题）_____
　　　　　　　（措施）_____
设计研发方面：（问题）_____
　　　　　　　（措施）_____
生产制造方面：（问题）_____
　　　　　　　（措施）_____
人力资源方面：（问题）_____
　　　　　　　（措施）_____

5.2.8　第八季度运营管理

经过前七季度的运营管理，各团队认真分析自己在竞争中的位次，根据目前的经营态势，制定下一步的经营方略，完成这一季度的运营管理，整个过程将耗时 1 小时左右。

表 5.2.15 经营过程一览表

序号	部　门	主要决策	具体经营情况	完成情况
1	总经理	制定本季战略计划		
2	财务部	1. 银行贷款 2. 账款贴现		
3	技术部	1. 产品设计 2. 产品研发		
4	制造部	1. 原料采购 2. 厂房购置 3. 设备购置 4. 资质认证		
5	市场部	1. 市场开发 2. 广告宣传		
6	人力资源部	1. 招聘工人 2. 招聘销售 3. 签订合同		
7	制造部	1. 工人调整 2. 工人计划培训 3. 工人计划辞退 4. 投料生产		
8	销售部	1. 销售人员调整 2. 销售人员计划培训 3. 销售人员计划辞退 4. 产品报价		
9	人力资源部	1. 员工培训 2. 解除合同		
10	总经理	已完成当前任务所有决策		
11	制造部	1. 订单交付 2. 其他		

本季已经结束，各公司的最终竞争格局完全形成，各竞争企业也得到了自己的成绩单。一起看看您企业的经营成果吧！

5.2.16 经营成果一览表

类　别	得　分	排　名
盈利表现		
财务表现		
市场表现		
投资表现		
成长表现		
综合表现		

说出您企业本季经营管理中出现的问题，并提出改进的措施。

综合：　　　　（问题）_____
　　　　　　　（措施）_____

财务管理方面：（问题）_____
　　　　　　　（措施）_____

市场营销方面：（问题）_____
　　　　　　　（措施）_____

设计研发方面：（问题）_____
　　　　　　　（措施）_____

生产制造方面：（问题）_____
　　　　　　　（措施）_____

人力资源方面：（问题）_____
　　　　　　　（措施）_____

各企业应该回顾第 1 至 8 季的各企业竞争决策，包括竞争策略、产能设计、营销策略、财务支持等，从中寻找各企业得失的原因，并能找到本企业在竞争过程中成功与失败的原因。

您企业制定的企业的目标是否实现：_____

目标实现与否的主要原因是什么：_____

与竞争对手相比，最大的成败：_____

在 8 季度经营过程中团队成员表现：_____

5.3 ■ 学习者的心得与再思考

两千年前我国伟大的教育家孔子曾说："学而不思则罔，思而不学则殆"。思考在个人成长中尤其是业务成长中起着重要的作用，企业经营沙盘模拟既是一场竞赛，也是一种体验式的互动学习。它融角色扮演、决策分析、竞争合作于一体，提高了现场的实战气氛围，在实践中培养学生的操作能力，让人身临其境，真正感受到市场竞争的精彩和残酷，体验承担经营与责任，在成功和失败的中体味市场环境的变化的影响，感受如何考虑企业的收益及可利用的资源，权衡利弊，统筹安排。但真正的收获与提高是在经营过后的总结和再思考，不仅知道赢在哪里还要知道为什么赢，不仅知道败在哪里还要知道为什么败，反复操作与反思，才能学到知识，提高技能，使自己得到最大的修炼提升，甚至超越自己。另外，还需要跳出该门课程的局限，从更高的视野，思考更加复杂的企业管理。请根据模拟企业经营过程中的得失，结合自己的专业和兴趣，查阅相关知识、能力、素质要求，分析一下自己在哪些方面有优势，哪些方面还需要进一步提升。

现在就请拿起笔，记录下你学习的心得与再思考吧。

本章回顾

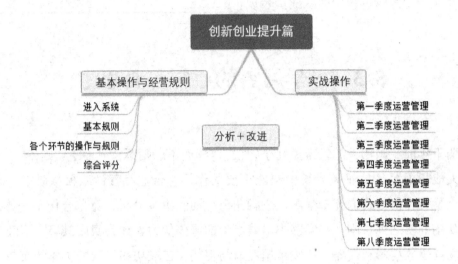

参考文献

［1］ 刘平. 金蝶企业经营沙盘模拟实训手册［M］. 大连：东北财经大学出版社，2011.

［2］ 何万能. 用友ERP沙盘模拟实训［M］. 北京：人民邮电出版社，2014.

［3］ 胡凌. ERP生产供应链管理实践教程（金蝶K/3版）［M］. 北京：人民邮电出版社，2014.

［4］ 吴金椿，张明. 生产运作管理仿真综合实习教程［M］. 北京：经济科学出版社，2010.

［5］ 李志，杨毅. 企业设立［M］. 北京：高等教育出版社，2015.

［6］ 王新玲，郑文昭，马雪文. ERP沙盘模拟高级指导教程［M］. 2版. 北京：清华大学出版社，2009.

［7］ 刘新华，徐秀艺. 高职经管类专业人才培养模式研究［M］. 北京：化学工业出版社，2014.

［8］ 赵志群. 职业教育工学结合一体化课程开发指南［M］. 北京：清华大学出版社，2009.

［9］ 孟凡超. 如何充分挖掘企业经营管理沙盘模拟教学效果［J］. 商场现代化，2013（7）：135—136.